高等职业教育的创新发展研究

段玮玮　王晓霞　张　伟　著

中国商业出版社

图书在版编目（CIP）数据

高等职业教育的创新发展研究 / 段玮玮，王晓霞，张伟著. -- 北京：中国商业出版社，2023. 5
ISBN 978-7-5208-2480-4

Ⅰ. ①高… Ⅱ. ①段… ②王… ③张… Ⅲ. ①高等职业教育-发展-研究-中国 Ⅳ. ①G718. 5

中国国家版本馆 CIP 数据核字（2023）第 082906 号

责任编辑：孔祥莉

中国商业出版社出版发行
（www. zgsycb. com　100053　北京广安门内报国寺 1 号）
总编室：010-63180647　编辑室：010-83128918
发行部：010-83120835/8286
新华书店经销
北京虎彩文化传播有限公司印刷
*
710 毫米×1000 毫米　16 开　15. 5 印张　221 千字
2023 年 5 月第 1 版　2023 年 5 月第 1 次印刷
定价：50. 00 元
* * * *
（如有印装质量问题可更换）

前言

FOREWORD

在当今时代，高等职业教育被赋予了重大使命，各国高度重视；同时又因受到市场、职业与学术、模式移植与本土适应等发展关系的掣肘而陷入两难困境。高等职业教育发展模式已成为高等职业教育领域引人关注并深入探究的问题。然而，一个国家的高等职业教育发展并非简单地移植成功模式或设计发展方案即可完成，只有对高等职业教育发展模式演进规律和各国发展模式形成进行深入研究，才能为把握未来提供坚实的基础。

中国政府大力发展高等职业教育的战略决策，构建具有中国特色的高等职业教育体系，创造了21世纪初世界高等教育发展史上的奇迹，成为中国高等教育发展史上的一个重要里程碑。随着中国工业化进程的加快、产业结构的调整和技术设备的不断更新换代，企业对技术工人的要求越来越高，对熟练掌握高精尖设备操作技术、具有技术革新和创造力的高级技能人才的需求量越来越大。提升职业教育在整个教育体系中的地位、振兴职业教育逐渐成为社会的共识。

本书是关于高等职业教育创新发展研究的著作，由烟台工程职业技术学院段玮玮、王晓霞、张伟共同编写，主要研究高等职业教育的创新发展探索。本书从高等职业教育概述入手，针对高等职业教育的培养目标、高等职业教育发展模式演进进行分析研究；对高等职业教育供给侧改革、高等职业教育理念创新与发展、高等职业教育教学创新与发展、高等职业教育国际化发展、高等职业教育集约化发展做了深入介绍；对高等职业教育发展的新结果与新趋势做了阐述；旨在摸索出一条适合高等职业教育发展工作的科学道路，帮助教育工作者在应用中少走弯路，运用科学方法，提高效率，对高等职业教育的创新发展具有一定的借鉴意义。

作者

2023 年 5 月

目录

CONTENTS

第一章

高等职业教育概述

第一节 高等职业教育基本概述

一、高等职业教育的概念与内涵

高等职业教育的界定十分重要，它不仅影响到高职的培养目标与课程设置，而且会影响到它的长远发展。要界定和研究高等职业教育，首先要了解什么是职业、职业教育。职业的最原始解释为“应做分内之事”。职业一般是指人们在社会生活中所从事的、作为自己主要生活来源的、在社会分工中具有专门职业的工作。职业教育就是使受教育者达到职业资格的获得、保持或转变及职业生涯质量的获得与改进的教育。技术是指人类在利用自然和改造自然的过程中积累起来并在生产劳动中体现出来的经验和知识，也泛指其他操作方面的技巧。

通过上述分析和对已有高职理论的研究，可以给高等职业教育作如下定义：高等职业教育是以学习某一职业技能，不断提高从业技术水平，培养技能型、工艺型、应用型、实用型高级人才为目的的社会实践活动。它是职业教育的高级阶段，属于高等教育的范畴，是一种特殊类型的高等教育。这一界定至少包含以下内容。

（一）高等职业教育属于教育的范畴

虽然高等职业教育是一种特殊类型的教育，但它仍然是有意识的、以影响受教育者的身心发展为直接目标的社会活动，即教育。这是它最基本的属性。

（二）高等职业教育属于高等教育的范畴

区别于职高、中职等中等教育，高等职业教育是高等教育的一部分，它不局限于大专层次，还包括了本科层次甚至研究生层次，具有高层次性。

（三）高等职业教育属于特殊类型的高等教育

普通高等教育着重在通过传授知识，培养和训练受教育者的各种思维和能力，使其成为学术型、研究型、工程型等类型的人才。而高等职业教育有其自身的特殊性，主要表现在两个方面：一是职业性，高等职业教育具有明确的培养目标，它以职业岗位的需求为基础，对受教育者进行职业道德和职业能力的培养，使学生毕业后能迅速适应职业岗位的需要。它是以职业岗位为导向、以职业技术能力为基础的新型高等职业教育。二是实践性，高等职业教育培养的是去生产和服务第一线的高级应用型人才，且要求这种人才毕业后能立刻上岗，并能熟练运作。因此，它必然具有非常强的实践性。在整个教育过程中，要通过大量的实践训练，使其能满足职业岗位的需要。

（四）高等职业教育与普通教育是相互沟通的

高等职业教育与初级、中级职业教育构成了职业技术教育的完整体系。健康的（高等）职业教育与普通教育应该是相互沟通的，两条轨道之间应该建立起连通的桥梁。

二、高等职业教育的性质与特征

就一般意义而言，人们把高等教育划分为普通高等教育和特殊高等教育两大类型，而把高等职业教育归属于后者。至于为什么归属于后者，就需要进一步探索和研究高等职业教育的性质与特征。

（一）性质

事物的性质，即事物的内在本质属性，是一个事物区别于其他事物的根本原因。我们研究高等职业教育的性质，就是要研究它区别于其他教育的根本原因，即它内在的本质属性。

1. 高等职业教育属于高等教育的范畴

高等职业教育与初级、中级职业技术教育构成了职业技术教育的完整体系，而且是这一体系的高级阶段。但目前在我国，人们普遍认为高等职业教育是“次高等教育”，仅仅把它看作高等教育的一种补充；认为高等职业教育低于普通专科教育，甚至把它同中专相等同。这些观点都是错误的，将会给高等职业教育的发展带来很大的障碍。为促进高等职业教育的快速健康发展，我们必须明确这样一个问题：高等职业教育是高等教育的重要组成部分，它不是“次高等教育”，更不是中等教育。

2. 高等职业教育是实用型教育

高等职业教育培养的是在生产与服务第一线从事管理和直接运作的高级实用人才，这一明确的培养目标决定了它是一种实用类型的教育。这也正符合了“教育类型是由社会需要的人才类型所确定的”这一规律。社会所需要的人才可分为学术型、研究型人才和技术型、实用型人才两大类，普通高等教育主要培养前一类人才，而后一类人才则主要是通过高等职业教育来培养的。学术型、研究型人才发现的客观规律、做出的工程设计、工作规划等，只有通过技术型、实用型人才才能转变为工程、产品等物质形态。在从科学到实践的飞跃中，应用型、实用型人才起了不可替代的重要作用。所以，区别于学术型、研究型教育，高等职业教育属于实用型教育。

3. 高等职业教育属于终身教育

所谓终身教育，是指与生命有共同外延并已扩展到社会各方面的一种连续性教育。由于高等职业教育与经济社会的天然密切联系，使得它成为促进生产力发展、支撑经济繁荣的“加油站”，并且高等职业教育是开发人力资源和提高劳动力技能必不可少的途径，因此，它应当贯穿于人的一生。高等职业教育不仅从单纯的职前教育向职后教育培训延伸，而且从学历教育扩展到非学历教育，通过教会学生学会学习，培养学生可持续发展的能力，全面提高学生素质，特别是专业素质，从而为各类人才的教育和继续教育作贡献。我们应摒弃把高等职业教育看作终结教育的思想，充分发挥其在构建终身教育体系中的重要作用，实现职业教育的终身化。

（二）特征

特征可以作为事物特点的象征、标志等，即一个事物区别于其他事物的外在表征。因此，高等职业教育的特征，就是它区别于其他教育的外在表征。具体表现在以下六个方面。

1. 办学机制的社会性

我国高等职业教育办学机制几经变革，到目前为止，已经形成了政府、学校、企业、集体、私人等多种社会力量联合办学的机制。高等职业教育的实施机构也由最初的地方职业大学独家实施的局面，发展成为职业大学、普通高等院校、独立设置的成人学校以及综合性、社区性的职业技术学院共同竞争的局面。

2. 培养目标的确定性

高等职业教育具有非常明确的培养目标，就是要培养在生产和服务第一线从事管理和直接运作的高级技术型、实用型人才。与普通教育着眼于国民素质的提高不同，高等职业教育着眼于受教育者毕业后迅速适应工作岗位的需要，明确以职业岗位的需要为基础，对接受过中等职业技术教育、普通中等教育的青少年以及在职人员或下岗职工进行职业道德和职业能力的培养。

3. 培养模式的循环性

以市场调节、目标确定、教学资源开发、教学实施和评估分析五个阶段为基本元素，组成高等职业教育新模式。该模式突出了行业牵动的作用，使得培养目标明确，针对性强，紧贴就业市场，突出了以能力为本位、以素质为核心的教育思想，并且充分发挥了教师和学生的主观能动性，实现了教师主导、学生主体的作用。新模式的五个阶段构成一个大循环，每一个阶段又有各自的小循环。上一阶段循环是下一阶段循环的依据，下一阶段循环是上一阶段循环实现的保证。通过各个阶段小循环不断运转，推动大循环的不断运转，大、小循环一齐动，使教学水平和教学质量不断提高。

4. 专业设置的职业性

由于高等职业教育属于职业技术类教育，以及它培养高级技术型、实用型人才的培养目标，决定了它的专业设置必然具有很强的职业性。这主要体现在它的课程设置和教学内容上。明确的职业定向决定了高等职业教育必须从某个职业岗位群出发，进行职业分析，了解构成这一职业岗位工作的主要内容，明确支撑其职业或工作所需的知识与技能，从而确定课程设置与教学内容。

5. 教学方法的实践性

高等职业教育所培养的高级技术型、实用型人才，要到生产和服务第一线从事管理和直接运作。用人单位要求这种人才毕业后能立刻上岗，熟练运作，迅速适应职业岗位的需求。毕业生要达到这种要求，就必须在毕业前进行大量的实践活动，不仅要了解职业岗位的工作流程，而且还要能够进行熟练的运作。这决定了高等职业教育必须执行以职业技能训练和岗位能力培养为中心的组织教学原则，大量采用实践性教学方法。运用多种形式，强化实践性教学，较大幅度地增加实践环节和实践课的比例，使学生有足够的时间来进行实际操作，从而达到预期的培养目标。

6. 师资队伍的“双师型”

高等职业教育的教师素质要求不同于其他普通高等教育的教师素质要求，它要求教师不仅具有讲师或副教授的理论水平，还应具有技师或工程师的技能水平，即所谓的“双师型”教师。只有这样，才能做到理论讲解深入浅出，操作演示准确无误。此外，高等职业教育的教师还应具有广博深厚的知识，具有现代人的个性、心理和品质，掌握教育学和心理学原理等。

三、高等职业教育的地位与作用

综观世界各国的高等教育，可以看出高等职业教育不仅是高等教育的重要组成部分，而且与普通高等教育处在相同的地位上，并且发挥着越来越重要的作用。但在我国，学科本位观念根深蒂固，高等职业教育仍是“养在深闺人未识”，甚至在一定程度上受到轻视，这严重阻碍着高等职业教育的发展。因此，重新认识高等职业教育的地位与作用十分必要。

（一）促进经济发展的“助推器”

当今世界，经济的发展对高新科学技术和高等教育的需求与依赖越来越大。我国要在市场竞争日益激烈的形势下立于不败，不仅要有一流的基础科学水平，更要有先进的实用技术与工艺。为将科技成果转化为生产力，要求在生产第一线有一支高水平的工艺技术队伍，开发出具有世界竞争能力的一流产品。特别是技术密集型和高科技产业，对高水平的职业技术人才要求更加迫切，而且数以万计的乡镇、民营、中小企业更是人才匮乏。高等职业教育能适应这一需求，可培养出大批的高级技术型、实用型人才，不仅满足了经济发展对人才的需求，而且成为促进经济发展的“助推器”。

（二）保持社会稳定的“缓冲地”

高等职业教育的发展，一方面培养了大批的高级技术型、实用型人才；另一方面还承担了大量高中毕业生的分流任务。高等职业教育吸纳大量未能接受普通高等教育学习的学生，不仅满足了他们接受高等教育的愿望，还能使他们学得一技之长，成为社会有用人才。此外，高等职业教育也能对在职人员进行教育培训，不断更新他们的知识和技术，使他们不会因为科学技术的更新换代而被社会所淘汰；高等职业教育还可对下岗、转岗人员进行教育培训，使他们重新掌握谋生的技能。因此，高等职业教育不仅推动了经济发展，而且成为保持社会稳定的“缓冲地”。

（三）实现高等教育大众化的“主渠道”

一个国家的发展固然需要大量的学术型、研究型、工程型高级人才，同时也需要大量的技术型、实用型人才。尤其是在我国这样一个发展中国家，对后者的需求更为迫切。虽然人们对接受高等教育有迫切的愿望，但社会无法“消化”太多的学术型、研究型、工程型人才，因此，高等职业教育必须承担起高等教育大众化、普及化的主要任务。我们应该改变片面追求走学术型大学发展道路的思想，把高等职业教育作为实现我国高等教育大众化、普及化的“主渠道”。

（四）提高劳动者素质的“大熔炉”

高等职业教育的招生对象具有多样性，不仅包括接受了中职教育和普通高中教育的青少年学生，而且还包括社会上的在职人员、转岗人员及下岗人员等。高等职业教育通过对各种受教育者实施针对性、职业性的理论与实践教育，使他们在这个“大熔炉”里得到锤炼，不仅能取得职业资格证书，而且能掌握专业技术、技能，获得全面素质的提高。受教育者毕业后就能立刻上岗，熟练运作，迅速适应职业岗位的需求。因此，高等职业教育在提高劳动者素质的同时，促进了社会劳动就业。

四、高等职业教育的发展趋势

随着国家经济体制改革的不断深化，经济增长方式发生了根本性转变，经济得到了高速增长，随之引发的各种竞争也愈来愈激烈，给高等职业教育的改革与发展带来了前所未有的机遇和挑战。面向未来，高等职业教育前景无限，发展势头强劲，其趋势主要表现为以下几个方面。

（一）提高教育层次

高等职业教育将会突破目前专科教育层次的局限，建立起包括专科层次、本科层次、研究生层次的完整体系，彻底改变它“终结性教育”的形象和现状，从根本上改变其“二流教育”的地位，使职业技术教育真正成为与普教和成教系统“平起平坐”的另一教育通道。高等职业教育建立本科及以上教育层次后，就会使学生在加强技术和操作能力培养的基础上，向更高更深的层次延伸，为社会培养出大批更高级别与层次的应用型、技术型、工艺型人才，从而更好地适应和推动社会经济发展。

（二）沟通普通教育

为了发挥国家教育体系的整体效益和灵活性，体现人才成长的多样化和最优化，以及让社会全体成员都能充分享有接受教育的民主权利，目前职教和普教两个体系相互独立与隔绝的局面将被打破，最终实现两个体系之间的相互沟通。

（三）突出职教特色

特色不仅是普通高等教育生存和发展的必然选择，更是高等职业教育的立足之本。没有特色，就没有高等职业教育发展的基础，无法立足，更无从谈及发展。因此，高等职业教育必须在长期办学的实践中逐步形成自己的独有特色，包括培养目标、人才规模、专业设置、课程设计、培养模式、师资队伍、教材建设、教学方法、技能训练等方面。

（四）建立稳定基地

为使学生的技能真正得到提高，达到实习实训的预期效果，高等职业教育的实施机构将会逐步建立起多元化的企业实体，作为学生实习实训的基地。校办企业的每个分支经营的各个专业日常业务可帮助该专业的教师将指导性操作转向实质性操作，并且完全是真正营利性的运作，以此作为每个专业教师的专业进修内容。当学生参加实习实训时，由于教师熟悉自己的学生，很容易带上手，也了解每个学生的实习实训情况，适时地调整、调换他们的实习实训岗位，让每个学生都得到充分的专业实习机会。这样做使教师与学生都有了较理想的实习实训机会，无论企业兴与衰，成功的经验与失败的教训对他们都是十分重要的。

（五）实行市场运作

高等职业院校必须面向市场自主办学，由市场决定人才培养的结构、规格、学制、专业等。学校必须十分关注市场需求变化，不断分析市场，快速调整和设计弹性课程体系。学校将充分发挥自身的优势，实施名牌战略，坚持学历教育与非学历教育并举，形成自己的优势专业，培养出品牌专业与技术，不断提升学校在社会和企业中的认可度和支持度，扩大占领市场份额，实行产业化市场化运作，把高等职业教育做大、做强。

第二节　高等职业教育特色研究

高等职业教育是适应经济社会发展对高级应用型人才的需要而产生的一个独具特色的教育类型。在教育的大家族里，作为一个新生的特殊门类，具有其独特的特色。

一、培养目标的特色

高等职业教育是高等教育的重要组成部分，属于高等教育范畴。培养的人才在具备与高等教育相适应的基本理论、基本知识和基本技能的基础上，还应掌握相应的新知识、新技术和新工艺，以较宽的知识面和较深厚的基础理论知识区别于中等职业教育，又以较强的动手能力和分析、解决生产实际问题的能力区别于普通高等教育。高等职业教育从事技术型人才的培养，这类人才主要从事技术的应用与运作，将设计、规划、决策等转化为一线产品，是把科技成果转化为现实生产力的实践者。因此，高等职业教育的培养目标，是为一线生产和服务培养具备综合职业能力和全面素质的高级应用型人才。

二、人才规格的特色

人才规格是培养目标的具体化。高等职业教育培养的人才，应具有“爱岗敬业、诚实守信、服务群众、奉献社会”的职业道德；拥有必备的文化基础知识和专业基础理论，既能胜任技术密集型的岗位，又有可持续发展的能力；具有较强的职业能力和娴熟的专业技能；具有较强的钻研精神、务实精神、创新精神和创业能力；具有健康的体魄、良好的心理素质以及交往与合作的能力。

三、专业设置的特色

科学合理地设置专业，是实现高等职业教育培养目标和体现职教特色的基础工作，也是高等职业院校主动适应社会需求的关键环节。高等职业教育与经济结构调整、技术进步和劳动力市场变化等方面有着更直接、更密切的关联。在专业设置上，不像普通高等教育那样有非常规范的专业目录，而是必须以市场需求为导向来设置专业。专业是市场需求和学校教育的结合点，学校对社会的适应状况，要通过专业设置体现出来。在设置新专业时，应广泛开展社会调查，准确把握地方产业结构和经济结构的变化，贴近经济、贴近产业、贴近岗位、适度超前，具有前瞻性和先进性，为行业发展提供技术支撑，也为自身发展赢得生机与活力。坚持稳定性与灵活性相结合的原则，密切注意职业岗位结构的变化、科技含量的提升、市场化与国际化的程度，不断改造拓展专业，优化专业结构，建立起具有示范性的专业类群。这就是高等职业教育专业设置上的独特之处。

四、课程设置的特色

普通高等教育以培养学生具有深厚的专业理论基础、较宽的专业知识面、较强的科学创造潜力为目标，强调学科知识结构的完整性和系统性。而高等职业教育则以培养学生具有扎实的职业技能、较深厚的岗位业务知识、较强的技术再现能力为目标，强调职业岗位技能的专项性和操作性。因此，高等职业教育的课程设计及开发以适应岗位的职业能力为目标，着眼于理论在实际中的应用，不追求专业理论知识的完整性，注重专业教学内容的技术和管理规范。课程设置按照突出应用性、实践性的原则，重组课程结构，构建模块式课程和综合化课程体系，并根据客观需要及时更新教学内容，以适应职业岗位工作的需要。文化课的教学既要满足专业课的学习需要，又要为学生的继续学习留好接口，更要注重知识的应用能力和学习能力的培养。

课程改革是教学改革的核心任务。高等职业教育的课程开发与改革要有产业界人士参与，才能更好地把用人单位的需求在课程设计中体现出来，以保证课程设计的科学性和适应性。

五、培养模式的特色

以“能力为本位”的培养模式是高等职业教育的重要特色。高等职业教育应注重实践能力的培养，坚持理论与实践相结合，实践教学课时要占到教学计划、总课时的50%以上；规定的实验、实训开出率要在90%以上；教学与生产相结合，通过顶岗实习，学生直接从事生产经营活动，掌握生产技术。推行的职业技术等级证书为主要内容的“双证制”或“多证制”，缩短了学生毕业后工作的适应期，实现了“零”距离上岗。

高等职业教育注重创业能力的培养。学生从进校的第一天起，就接受着自谋职业、自我创业的教育，开设有“就业与创业”“经营管理”“公共关系”“法律与税收”等与创业密切相关的课程。通过到有特色的生产企业和基地实习或开展社会调查，既开阔了眼界，又磨炼了艰苦创业的意志，也增强了学生利用专业优势创办小型企业的意识与能力。

高等职业教育注重创新能力的培养。创新精神和创新能力是高等职业教育的一种教育理念，渗透于专业设置和教学过程之中，对学生的知识传授和技能训练不是只进行验证性实训和学习，而是以学生为主体，激励学生积极思维、自主学习，不断培养学生发现问题、勇于探索和执着追求的创新意识和创新能力。

高等职业教育注重个性化培养。实行弹性学制和学分制，创立适宜个性发展和让优秀人才脱颖而出的人才培养模式。在教学过程中鼓励冒尖，激励差生，激发每个学生的潜能，使其优势得以充分发挥。允许不同来源、不同水平的学生采取不同的时间、方法和途径以完成学业。

六、师资队伍的特色

高等职业教育的性质，决定了专业课教师既要具备扎实的理论基础知识和较高的教学水平，更要有很强的实践技能，即“双师型”素质。“双师型”教师是高等职业教育的一个重要特色。专职教师应分期、分批地到有关生产单位参与生产管理、技术改造、产品营销等实践活动，提高自身的实践操作能力。同时，广泛吸引企事业单位的工程技术人员、管理人员和有特殊技能的人员到学校担任兼职教师，以优化师资队伍结构，突出职教特色。此外，这也是加强学校与社会联系的重要途径。

高素质的教师队伍是保证高等职业教育人才培养质量的前提。从事高等职业教育的教师必须具备较强的创新意识和勇于吃苦的奉献精神。

七、教材建设的特色

高等职业教育的教材以适应科技、经济和社会发展对高级技术型人才的要求，体现新知识、新技术、新工艺和新方法，具有很强的时效性；职业教育以服务行业和区域经济为办学宗旨，即使是同一个专业的高职教材，也因地域环境或产业结构的不同有较大的差异，具有很强的地方特色；高等职业教育有相对独立的实践教学体系，实验、实习教材以生产性、工艺性、设计性、综合性实验内容为主，减少演示性、验证性的实验内容，实现基本实践能力与操作技能、专业技术应用能力与专业技术、综合实践能力与综合技能的有机结合。同时，教材的体系、结构、体例要符合高等职业教育的教学规律和学生的逻辑思维方式，做到深入浅出、循序渐进，便于学生理解与掌握。

高等职业教育是以“应用”为主旨和特征来构建课程及教学内容体系。基础理论教学以“应用”为目的，以“必需、够用”为度；专业课教学强调针对性和实用性；实践教学体现实践能力、创新能力和创业能力的培养。

八、教学方法的特色

实现高等职业教育培养目标，客观上要求必须改革现有的一切与之不相适宜的教育教学方法和教学手段。高等职业教育要求：第一，教学与生产要紧密结合，实行工学交替方式，创设教、学、做合一的特殊课堂，采用现场教学法，教师在做中教，学生在做中学，以培养学生解决实际问题的综合能力和岗位职业能力。第二，教学与科研要紧密结合，学生参与科研实践活动，创设独立思考和研究性学习的氛围，引导学生积极探索，以培养学生的创新精神和严谨求实的作风。第三，教学要注重采用现代先进的教学手段，开发和使用多媒体教学课件，创设图文并茂、生动形象的现场感觉与氛围，以提高课堂教学的直观性和教学效果。采用多媒体教学，可以实现优秀教育资源的共享，最大限度地满足学生个性化自主学习的需要，还可以培养学生从互联网上获取新信息和新知识的能力。第四，教学要注重启发式，创设平等、和谐、融洽的课堂气氛，激发学生的参与意识，引导学生积极思维、质疑问难，以培养学生的求知欲和创新思维能力。

总之，特色是高等职业教育的办学之源、立校之本、发展之基。以特色求生存，以创新求发展，是高等职业教育的办学理念。

第三节 高职院校发展方略的构想

一、实施个性化办学，以特色谋求发展

在我国，高职院校绝大多数是由普通中专升格，或与成人高校、职业大学合并而成。目前的办学情况是，基础条件差，专业设置小而不全，除

一部分行业部门主办的学校外，大都没有明显的特色与优势。市场经济的本质是竞争的经济，市场经济时代亦是个性化纷呈的时代，没有个性化就没有竞争力。“物竞天择，适者生存”。在现代高等教育这个相对独立的系统中，在生源、师资共享、投资、研究项目等许多方面都存在不可避免的竞争。在这种竞争的环境中，高职院校也必须探索适合自身情况的生存秘诀，找准自己在现代高等教育中的位置，使自己成为一个不被其他学校所替代的个体，有自己的立身之所、用武之地。这就要求我们实施个性化办学，注重塑造自己的个性化形象。个性化是指在一定的社会条件下，一事物区别于另一事物的比较特别的特性。高职院校的个性化，应该是高职院校在分析自己的历史传统、比较优势和时代需求，并与其他高等教育机构的比较中得出的独有的特性。它具有先进性和时代性，是学校生存的源泉和发展的生命力所在。

（一）实施个性化办学，要对学校自身的优势、本校与他校的差异以及社会需求有深度的分析和了解

自身优势，包括师资、设备、办学传统等；本校与他校的差异，包括行业背景、区域背景、办学历史等；社会需求，包括“长线”“短线”“缺门”等。所有这些，都要作综合分析，然后才能找准自己的个性定位。人无我有是个性，人有我优也是个性。有了个性，还要尽可能把它“放大”，也就是我们通常所说的“做大、做强、做出特色”。

（二）实施个性化办学，要有个性化的专业设置

专业设置是实现个性化办学的关键环节。一所学校只要有两至三个有特色的品牌专业，就会在社会上产生一定的影响力。

在专业设置上，高职院校要体现个性化：一要勇于舍弃，二要善于创新。设置和建设一个专业难，放弃一个专业可能更难。目前，不少学校开设的专业有数十个，但实际上十个学科领域中就有八九个学科没有专业。从表面上看，专业数量多，东方不亮西方亮，有利于学校抵御暂时的风险，但实质上是我们办学者粗放经营思想的一种表现。办学资源分散，专

业建设的效能与水平低下，从长远的角度看，是很难做出品牌，形成个性化专业的。实施个性化发展战略必须有所为，有所不为。只有有所不为，才会有所作为。办学与经商同理，市场上各种各样的专门店很多，而品牌超市只有几家。对于刚刚起步的高职院校而言，办“超市”绝对是错误的选择。就是市、州政府办的为区域经济服务的高职学院，专业设置也不宜过多。因为人才是可以引进的，毕竟能办“超市”的学校是少数。因此，要勇于舍弃，力求创新。专业目录有的可以办，没有的，只要有社会需求，也可以办。社会是发展的，专业也是发展的。舍弃是发展，创新也是发展。例如，湘西民族职业技术学院根据湘西少数民族的独特风俗和生态旅游资源丰富的特点，开办的生态旅游专业，前景一定看好。

（三）实施个性化办学，要有个性化的人才培养方向

目前，我国高职院校入学者的水平参差不齐的现象非常普遍，并将长期存在；同时，技术型人才是社会需求量十分庞大的群体，职业技术岗位是多数个体都可能充分施展才华的广阔天地。因此，我国的高等职业教育，应该把自己的服务功能定位为帮助人人成功，为学习者创造实现多样性发展目标的环境条件。要让学生人人成功，就要根据学生的个性、爱好、特长和文化基础指导学生选择专业。在教学方法上，要实行分类教学和因材施教。要允许学生中途转换专业，并尽可能多地开设选修课，还要允许学生用不同的时间完成学习任务。在教学质量的评价上，主要看是否“学会”，学习潜力是否充分释放，个性、特长是否得到充分发挥。要实现真正意义上的个性化培养，做起来很难，但适应是我们教育教学改革的一个方面。

（四）实施个性化办学，要有个性化的管理方式

个性化的管理方式首先体现在个性化的办学理念上。众多国内外著名学府的成长史都表明，个性化的办学理念是学校生存和发展的精神支柱，是学校教育价值观念和哲学思想的集中体现。个性化管理方式还具体体现在校园文化建设上的三个方面。一是个性化的物质文化建设，如个性化的

校园建筑、个性化的环境美化、个性化的文化设施等。这些都是需要着意创造的物化的个性化育人环境。二是个性化的制度文化建设，包括个性化的机构设置、个性化的规章制度、个性化的社团组织等。三是个性化的精神文化建设，包括办学理念、道德观、价值观、质量观、校风（教风、学风、工作作风）、人文素养、行为习惯，乃至校报、校刊的个性化。通过个性化的管理方式，建立个性化的校园文化，培养和熏陶具有鲜明个性特征的学生，一出校门，人家就知道是某某学校培养出来的学生，这是值得我们追求的理想境界。

二、实施多样性办学，以灵活谋求适应

高等职业教育是就业和岗位针对性很强的教育，只有满足人的多样化需求和社会的多样化需求，才能保持旺盛的生命力。

不同文化层次的学生，不同家庭背景的学生，不同爱好和特长的学生，不同的年龄和性别，还有社会弱势群体中的不同个体，对职业教育和培训的要求都是不同的。职业教育是“有教无类”的教育，是面向全员的、终身的教育。高职院校只有多样性办学，才能适应人的多样性需求。

经济结构的调整，产品结构的变化，科学技术的进步，社会多元的发展和区域经济的差异，也给高职院校的办学提出了多样性的要求。在我国也存在这种职业的兴衰更替现象，许多过去闻所未闻的职业也在不断涌现。社会的发展，对高职院校的办学也提出了多样性的要求，那种以不变应万变的办学时代已经过去。

多样化的特点就是灵活。需要学什么，就教什么；需要用什么方式学，就用什么方式教；课堂可以变换，可以在学校，也可以在车间、在家庭（远程教育方式）；学制可长可短，学分可以互认，专业可以转换，工学可以轮换。

总之，实施多样性办学，概括起来主要有以下四种途径。

（一）办学形式的多样性

现行高职院校的教育主要是学历教育与非学历教育。非学历教育适合在岗、转岗、失业人员的培训，也适合已取得学历文凭、需要“充电”或为了形成职业能力而进行的“回归教育和培训”，还适合老年人丰富精神文化生活、提供医疗保健和生活服务的培训，是一个极具潜力的发展空间。高职院校要发展，必须调整办学指导思想，学历教育与非学历教育并重、职前教育与职后教育并举之路；把学历证书和职业资格证书、学校教育和终身教育有机地结合起来。

要把非学历教育做起来，做到与学历教育等量齐观，必须运用市场机制，把非学历教育当作产业来办，这样既可以充分利用学校的现有资源，又可以充分调动广大教职员工的积极性。

同时，要采取灵活的办学形式，或请进来办班，或走出去办班，或采取远程教育授课，以满足求学者多样化的学习需求。

办学形式的多样性还体现在学制形式的多样性上。高职院校的学制，现在主要有三种：一是三年制。以中职、普高毕业生为招生对象，这种学制适宜于技术含量较高或管理要求较高的专业学习，并便于学生通过专升本的途径继续深造。二是二年制。学生中职毕业再加两年，采用注册制方式入学，即“中高连读”。这种学制方便贫困学生就读，并能提前一年进入就业岗位。三是五年一贯制。以初中毕业生为招生对象，这种学制适用于一些从小就要开始培养的技术人才，如文艺、体育人才。相比过去专科层次的教育必须以高中文化为起点、学制三年，已是很大的进步。但这还不够，还应积极推行弹性学制，允许学生修满学分提前毕业，或实行工学交替，分阶段完成学业，让学校的门永远向求学者敞开。此外，还可以利用现代技术，开发远程教育。多样性的办学形式，必将给学校的发展带来勃勃生机。

（二）办学层次的多样性

目前，我国独立设置的高职学院，大多办学层次单一，一般只设专科层次，这既不利于学校的发展，也难以满足社会对多种规格的实用型人才的需求。高职院校的办学层次应在以专科层次为主的前提下，向上、向下延伸。向上延伸，可以有本科层次、工程硕士层次，真正建立健全起我国高等职业教育的完整体系。这样可以使高等职业教育的专科层次不至于成为学历的终点教育，为专科高职毕业生提供了继续深造的途径，有利于提高整个职业教育的发展。向下延伸，可以进行中等层次的职业教育，其理由：一是目前我国新增的独立设置的高职院校大多是由原来的重点和骨干中职学校升格、合并组建起来的，办学轻车熟路，原有的教育资源可以充分利用，更重要的是对中职教育可以起到龙头带动和示范作用。二是有利于中、高职的衔接，便于学生就地连读、直升，这既是对高等职业教育生源的有效保障，又是对中职教育发展的巨大拉动。三是作为一种过渡，可以让学校腾出时间为高职的办学创造条件，包括师资、设备的准备和办学经验的积累等。总之，多层次办学，有利于高职院校的持续发展。

（三）办学模式的多样性

现行高职院校的办学，有行业办学、企业办学、政府办学、民间办学、社团办学、校企合作办学等多种办学模式。办学模式的多样性给高等职业教育的发展带来了繁荣的局面。深入考察便知，这些办学模式中，单独办学的居多，联合办学的少见。单独办学有许多困难和问题难以解决，特别是新组建的，由中专“升格”上来的学校，基础较差，资源有限，更是困难重重，问题多多。目前，在一些地方正在兴起一种新型办学模式——集团化办学。它是以一所办学实力较强的高职学院为核心，联合若干所中、高职学校组建成职业教育集团，形成招生、教学、就业服务既有统筹，又有适当分工，纵向沟通，横向联合，资源共享，协同“作战”的态势。这样，既可以提高教育资源的使用效益，又可以克服单独办学势单力薄的弊端，提高抵御风险的能力。集团化办学，行业背景扩大了，服务面扩大了，有利于在更大的范围内利用企业、行业的教育资源，也有利于拓宽学生的就业渠道。集团化办学可以开设更多的选修课，还可以实行专业自由转换，学分互相承认，有利于弹性学制和学分制的实施，为学生获得充分的、自由的个性发展创造条件。在我国，集团化办学才刚刚起步，成功的范例不多。但可以预言，在不久的将来一定会有大的发展。

（四）教学模式的多样性

高职院校不同的专业，有不同的培养目标。教学模式也应该是多种多样。有的专业适用于 CBE（能力培养教学 Competency Based Education）模式，有的适用于“双元制”模式，有的适用于 DACUM（教学计划开发 Developing A Curriculum）模式，有的则适用于产学研结合模式或产教结合模式。此外还有技术导向型、行动导向型教学模式等。目前，我国一些高职院校提出了“零距离上岗”“多证书就业”等人才培养观念，反映了我们的教学模式正在向多样性的方向发展。当前我们在构建高等职业教育的教学模式时，需要突出抓好四方面工作：一是要构建适应现代职业岗位和终身教育需求的课程体系；二是要构建满足不同生源和不同发展要求的学分制教学管理模式；三是要建立实施创业教育的人才培养模式；四是要采用以学生为中心的主体教学模式。

三、实施开放式办学，多途径实现目标

高等职业教育的根本任务和培养目标的规定性，决定了高等职业院校必须面向经济建设、社会发展和就业市场的实际需要，与生产、建设、管理和服务的实践紧密结合，走开放式的办学路子。

如何实施开放式办学，可以归纳如下几点：一是以适应社会需要为目标，以培养技术应用能力为主线，设计学生的知识、能力、素质结构和培养方案；二是以“应用”为主旨和特征，构建课程和教学内容体系；三是建立校内外实验、实训、实习基地，实践教学在教学计划中占有较大比重；四是建立一支数量足够、与教学相适应的专兼结合的“双师型”教师

队伍；五是学校与用人单位结合，师生与实际劳动者结合，理论与实践结合。具体实施开放办学的途径主要有如下三个层面。

（一）面向企业

从目前大多数高职院校的师资、设施条件看，没有企业的参与，人才培养质量是无法保证的。在企业学技术，比较实用也很容易，而且新技术也只有到企业里才能及时学到。向企业开放，包括向科研院所开放，实行产学研结合，主要目的是加强人才培养的针对性和适应性。其主要方式有如下三种：一是浅层开放。请一些企业家、企业和科研院所的工程技术人员、研究人员到学校举办讲座，介绍企业的用人要求和新技术、新工艺；把学生带到企业去参观学习；对毕业生进行跟踪调查等。这种方式对于促进学校的教育教学改革有一定的作用，但这还只是一种低层次、低水平的开放，目前大多数学校还处在这种状态。二是深层开放。如设立校董事会，企业家参与学校大政方针的决策；设立专业指导委员会，企业的技术人员参与教学计划、课程设置和教材的开发；学校派相关专业的教师到企业跟班学习，企业派技术人员到学校兼课；校内实训与企业实习相结合等等。三是完全开放。学校与企业完全融合，人、财、物共投，资源共享，办学共管，学校办学是企业工作的一部分，学校与企业共生存；企业的参与是整体、深层、全方位的参与。这种办学方式，可以实现真正意义上的“零距离”上岗，培养的人最受企业欢迎，学校对学生出路也无后顾之忧，是向企业开放办学的最高境界。

不同的高职院校可根据自身的办学条件和实现培养目标的需要，选择向企业开放的方式。现阶段我国的高职院校面向企业开放办学的程度还很低，还应进一步加大开放的力度，不断提高开放层次和开放水平。

（二）面向社区

高等职业教育作为终身教育的组成部分，对学习化社区的形成和社区的物质文明、精神文明建设具有重要的作用。美国社区学院在其一百多年的发展进程中，始终围绕为学院所在社区服务的宗旨，为社区人们提供多种多样的学习机会，成为了美国经济社会发展不可缺少的人才培养基地，已为世人所公认。目前国内有学者认为，“在学习化社会中，高职院校应把自己改造成以学习者为中心的开放式学习化组织”，并“应该在以学校为中心的区域，帮助构建学习化组织、学习化社区、学习化企业，发挥核心作用和指导作用”。高职院校向社区开放，这既是建设学习型社会，提高社区劳动者素质和精神文明水平的需要，也是扩大学校服务功能和发展内涵，提高学校品牌形象的需要。

向社区开放的形式主要有：一是采取讲座、联谊等形式，开展科普、法律、文艺体育教育，以提高社区居民的基本素质；二是开放图书馆、实验室、体育活动场所，并给予指导，为社区居民学习提供方便；三是发挥学校的专业、设备、师资优势，举办各种各样的培训班，为在岗、转岗、失业人员提供技术培训，乃至为老人、儿童、妇女提供各种需要的培训；四是与社区相关企业、研究机构合作办学，培训人员，开展技术改造，开发新产品、新技术；五是与社区相关企业合作办厂、办场、办店等。学校在服务社区的同时，也了解了社会。学校可以通过服务创造一定的经济效益，于社区、学校都是有利的。

（三）面向境外

在经济全球化的今天，职业对人才的要求逐渐趋于国际化。一方面，大量外资企业涌入，需要培养大批懂得国际惯例、国际知识、国际通用的技术操作程序和产品及服务质量要求的人才；另一方面，开发国内人力资源市场，组织劳务输出，也需要培养大批懂得上述知识、技术和规则的人才。由此可见，高职院校向境外开放也势在必行。

向境外开放主要有两种渠道：一是请进来。如引进先进的办学管理理念、教学模式、教师、教材、设备和教学质量评价体系，引进学校，开展合作办学。二是走出去。把管理人员、教师派出去学习、培训，参加国际学术交流，甚至可以走出去办学，一方面向人家学习，另一方面传授我们的经验，展示我们的办学实力，进一步拓展学校发展的空间。

总之，个性化办学是学校生存发展之本，是办学定位的关键；多样性办学是适应人和社会多样化需求的方式，也是拓展学校发展空间的需要；开放式办学是实现人才培养目标的必由之路，是确保高职人才培养质量的根本途径，也是实现高水平发展的需要。个性化、多样性、开放式办学是一个有机的整体，统一于学校发展的需要之中，由此构成了高职院校的发展方略。

第二章

高等职业教育的培养目标

第一节　高等职业教育培养目标的基本规定

一、高等职业教育目的

（一）教育目的

1. 教育目的的含义

任何社会实践活动都有预期目的，教育作为培养人的社会实践活动，教育目的指明了在一定社会中要把受教育者培养成什么样的人的根本问题，是一切教育活动的出发点和归宿，它规定了所要培养人的基本规格和质量要求。

教育目的是教育理论中的一个基本问题，是整个教育工作的核心。它明确了教育对象未来发展的方向和一定的发展结果，指导着整个教育活动的开展，支配教育工作的各个方面和全过程。无论是教育政策的制定、教育制度的建立，还是教育内容的确定、教学效果的评价等，都受教育目的的制约。

2. 教育目的的性质

教育目的反映了人们的教育理想，与现实之间总是存在着或多或少的差距，也因此为教育活动确定了一个准确目标，并能在宏观和微观的各个方面对教育实践活动起着定向、引航作用。教育目的虽然是一种理想，但其主观性质不意味着教育目的是意志自由的产物，它是建立在客观现实的基础上，是人们对客观现实的主观反映。教育目的的客观性反映了社会对教育目的的制约性，不同的社会发展阶段、不同的社会制度、经济条件和文化历史背景下产生的教育目的具有不同的内涵。

（二）高等职业教育目的

教育目的是各级各类教育培养人的总的质量目标和规格要求，高等职业教育目的是教育目的在高等职业教育系统中的落实，它集中反映了一定历史时期内，社会政治、经济、科技、文化发展对高等职业教育的要求。从高等职业教育与教育的关系来看，二者是个别和一般的关系，高等职业教育目的是依据总的教育目的，从高等职业教育实际培养任务出发来制定的，与教育目的存在着共性，比如人性的完善和提升、能力的提高和发展、为社会服务、促进社会发展等；高等职业教育又因为其本身的特性而存在着具体特殊的目的，高等职业教育目的可表述为“培养德、智、体全面发展的社会主义高等技术应用性专门人才”。

（三）高等职业教育目的与高等职业教育培养目标

高等职业教育目的是高等职业教育工作遵循的总方向，但它替代不了各级各类高职学校对所培养的人的特殊要求，这称之为培养目标，是由特定的社会领域和特定的职业层次的需要决定的。因此，高等职业教育的培养目标具体体现在专业的培养目标上。高等职业教育目的是对所有接受高等职业教育者提出的较为概括和抽象的要求；而培养目标是围绕高等职业教育目的展开的针对特定对象的具体、明确的规定。

二、高等职业教育培养目标的内涵与定位

高等职业教育培养目标是根据高等职业教育目的制定的，是高等职业教育目的的具体化。

尽管各个时期对高等职业教育培养目标的表述不同，内涵在不断地丰富并日益明确，但其实质内容是基本一致的。即在完全的中等教育基础上，面向基层、生产、服务和管理一线岗位，培养适应社会主义市场经济建设需求，德智体美劳全面发展，获得必要的专业基础理论知识，并受到良好的职业技能培训，素质和能力协调发展，能运用现代高新技术解决实际工作中的相关技术问题，又有一定科技成果转化能力的高级实用型和技能型人才。

三、高等职业教育培养目标特征

（一）人才培养层次的高等性

高等职业教育属于高等教育，自然，“高等性”应是其培养目标定位的基准。高职人才必须具备与高等教育相适应的基本知识、理论和技能。随着科学技术的进步，知识经济时代的到来，高科技产品的研制、开发及利用，生产、建设、管理、服务等基层岗位工作内容的科学技术含量越来越高，因此，需要既有较强的实践动手能力和分析解决实际问题的能力，又要有较宽的知识面和较深厚的基础理论知识的高等人才。

（二）人才培养类型的职业性、技术性

高等职业教育是一种职业教育，以提高职业技术水平为目的，对学生进行职业生产和管理教育。在对职业岗位群进行职业能力分析的基础上，确定培养目标，明确高职毕业生应具备的职业道德、职业知识和职业能力。职业学校不仅要帮助学生学好知识，更重要的是提高能力，使学生不仅适应目前的岗位竞争，更要适应未来职业竞争和广泛意义上的生存竞争。职业教育首先是职业导向性的教育，传授职业知识和技能，培养职业道德，提高职业能力，是它的特殊任务。

所谓技术型人才，主要是从事技术的应用与运用，实施已完成的设计、规划和决策，并转化为产品。技术型人才均工作在生产第一线，并同时具备一定的理论技术和经验技术、智力技能和动作技能。高等职业教育的人才培养模式要同时满足两个方面的基本要求：一是要培养学生适应日新月异的岗位所需要的职业技能；二是要培养学生作为职业人所具有的职业素质，包括职业道德的养成教育。

（三）人才培养目标的市场导向性

市场经济条件下的职业教育，其定位的目标最明显的特征无疑就是以人才市场为中心。高等职业教育是培养不需要经过再培训而能直接上岗的高级应用型人才，是以就业为目的的。因此，职业教育机构必须彻底打破

计划经济时代办学的封闭和半封闭状态，把自己推向市场，建立学校和市场联系的广泛渠道，成为整个开放市场的一部分。也就是说，职业教育机构把满足市场需要作为办学的宗旨，把接受市场检验作为办学的标准，在快速变化的市场中把握培养目标的要素，保证自己的培养目标是合乎市场需求的，从而实现投资效益最大化。

（四）人才培养的国际性

随着全球化进程的加快，资本、技术、人才在全球范围内加速流动。高等职业教育在这样的国际环境下，机遇与挑战并存，给高等职业教育培养目标提出了更高的要求。高等职业教育培养的人才必须与当代国际社会所需要的人才类型接轨，要把人才的培养置于国际环境中去考虑。根据 21 世纪形势发展的变化和需要，不仅要赋予教育对象专门的职业技能，同时还要熟谙国际通行的经济管理等运行规则，以增强我国高职人才的国际竞争力。

（五）人才培养的区域性

区域经济的结构性和发展的不平衡性决定高等职业教育具有区域性这一地方特色。从区域经济的结构来讲，不同地区的资源状况、产业结构、开发方向等是不一样的，这就决定不同地区所需要的“专才”岗位结构是不一样的；从区域经济发展的不平衡来看，不同地区的经济基础、生产力水平是不一样的，这就决定不同地区所需要的“专才”能力结构是不一样的。因此，高等职业教育必须解决地区经济发展所需要的“专才”岗位实际能力问题，而不能搞全国“一刀切”。从我国各地职业院校当前生源的地区分布状况来看，绝大部分都是本地生源。高职院校要充分考虑学校所在地的区域经济，把区域性作为高职培养目标定位的地方特色，因地制宜地确定培养目标。

四、制定高等职业教育培养目标应处理的几种关系

高职院校培养目标的制定，要体现国家的教育方针和教育目的，符合高等职业教育的性质和高等职业学校的任务，适应大学生身心发展的

特征。

除此之外，高职学校培养目标的制定还要处理好以下几个关系。

（一）全面发展与技术型人才的关系

人的全面发展是由德、智、体诸方面发展所构成的，全面发展是我国教育方针的基本内容，“教育必须为现代化建设服务，必须与市场劳动相结合，培养德、智、体、美、劳全面发展的社会主义建设者和接班人”。这些组成部分既是相互独立，各有特殊任务，又是辩证统一的，它们相互依存、相互渗透，以其整体促进人的全面发展。

对于高等职业教育来说，首要的培养目标是面向生产和服务第一线的高等技术型、实用型人才。但这并不意味着可以忽略高职学生的全面发展。就其本质来说，高等职业教育是一种就业前的培训，目标直接指向各行各业的具体工作岗位，因此，高职学生的素质将会直接影响到社会，也直接影响到中国“银领”工人的素质。高等职业教育的发展，不仅是数量规模的扩大，更需要的是质量的提高。

首先，要培育高职学生过硬的政治思想素质和职业道德素质，要求高职学生热爱祖国，拥护党的基本路线；有强烈的社会责任感，明确的职业理想和良好的职业道德，勇于自谋职业和自主创业；具有面向基层、服务基层、扎根于群众的思想观点，理论联系实际、实事求是、言行一致的思想作风，踏实肯干、任劳任怨的工作态度，不断追求知识、独立思考、勇于创新的科学精神。

其次，要培养高职学生较高的专业素质和能力素质，充分开发高职学生的智力。高职院校培养的高级技术型人才，是社会主义现代化建设的骨干力量。现代社会高新技术的发展和技术科技含量的增加，要求大批高级技术型人才具有现代系统的专业知识和技能，具有较高的智力水平和创造能力，具有善于吸纳新知识、探索新领域、解决新问题的才能。因此，智育在高等职业教育中的地位格外重要。

最后，根据工作性质和特点，更要求高职学生重视体育的锻炼，增强身体素质。体育锻炼可以促进学生身体机能的发展，增强体力和脑力劳动能力，培养其勇敢顽强、吃苦耐劳、坚忍不拔的意志，灵活机灵、不甘落后、百折不挠的进取精神，团结友爱、互相合作的集体主义精神和热爱集体、遵守纪律的良好风尚。

因此，高等职业教育培养目标中，学生的全面发展是根本，培养高级技术应用型人才是在此基础上的区别于普通高等教育和中等职业的特殊目标。两者在培养高职学生过程中都是不能偏废的。

（二）业务素质与文化素质的关系

在制定培养目标时，人们的注意力往往集中于业务素质方面的要求。表现为有关专业基础理论、基本技能、基本能力等。但对科学文化素质的要求却很少体现。实际上，从事任何一种专业工作的高级专门人才，他所发挥的作用都以其整体的人格表现出来，而人格则是建立在良好的科学文化素质之上。在生活中，人类不可避免地要和自然的物质环境，社会的人际关系，自身的内在环境不断地交流、融合，业务知识技能的发挥，离不开良好的科学文化等非业务方面的素质支持。而对于高职人才来说，拥有必备的文化基础知识和专业基础理论，不仅是胜任当前技术密集型岗位的需要，也是知识再生和迁移，进一步学习与提高以适应将来岗位变革的始发点。

（三）培养目标的相对稳定性与适时性的关系

高等职业教育的培养目标是高等教育目的在职业教育中的体现，是遵循高等职业教育方针政策和教育的基本规律。国家总的教育目的和教育方向在一定时期内是相对稳定的，因此，培养目标存在延续性和继承性。

高等职业教育特征又决定了高职院校的培养目标应具有适时的灵活性。高等职业教育培养的是技术型、实用型人才，培养目标以市场为导向、以就业为目的。随着社会的快速发展和全球化趋势的加强，市场需求也会发生相应的变化，经济发展状况和地域环境不同，市场对人才的需求也不尽相同。因此，不同高职院校的具体培养目标应体现地方特色，根据市场的需求来培养合适的人才。

值得注意的是，目前高职院校流行“订单培养”人才培养模式。“订单培养”实际上就是企业向学校的大规模定制培养，特点是必须满足企业个性化的要求。这种培养模式是根据企业对人才的实际需求，有的放矢地配置教学资源，学生在就读前就明确了就业单位和具体岗位，就读时也可到相应企业顶岗实践，学习有很强的针对性。“订单培养”因具有高就业率，能提升学校的竞争力而备受高职院校的青睐。

但是，“订单培养”把高等职业教育强调的以“服务为宗旨”，片面理解为以“完全服务于企业”为宗旨，忽视了学生个人发展；“以就业为导向”，强调了毕业生当前就业的数量，忽视了毕业生个性化需求，使企业与员工的双向选择变为单向选择；在高等职业教育中，学校抛弃科学化教学思维，一味迎合目前的劳动力密集企业、科技含量低下的企业甚至一些投机企业的需求；被严重简单化的“订单培养”把学生个人发展置于次要位置，放弃现代教育中“以人为本”的理念，把高等职业教育等同于岗前培训；这种短视行为也制约企业长远的发展。因此，高等职业教育理念应始终以核心职业能力、基础科学知识为主导。要提高我国社会的生产力水平，跻身世界经济强国，培养一大批具有扎实基础知识，在相关领域有核心职业能力、开拓创新能力，不断推动技术进步的应用型人才是必不可少的。

（四）人性的完善和服务社会的关系

人性的完善和提升是高等职业教育最基本的，也是与其他任何教育类型相通的目的，教育的终极目的是人的全面发展。

因此，高等职业教育在处理两者关系时，应使“个人特征与社会目的的价值协调起来”。既要强调学生的交往与合作，职业道德与共同生存，自我意识与价值定向以及创造性和主体性等品质的培养与教育，使之成为有独立个性和创造精神的人，成为能为社会的进步和发展服务的高技能人才。

第二节　知识经济时代高等职业教育的培养目标

一、知识经济内涵与特征

（一）知识经济的含义

知识经济是“以知识为基础的经济”的略称，以知识为基础，是相对于“以物质为基础”而言的。工业经济和农业经济，虽然也离不开知识，但经济的增长主要取决于能源、原材料和劳动力，即以物质为基础。而知识经济直接依据于知识和信息的生产、分配和使用。所谓主要依赖于知识的生产、分配和使用的经济，就是主要依赖于发展科学和教育的经济，即主要依赖于脑力劳动的经济。“知识经济”这个术语源于对知识，特别是科学技术知识在经济增长中的巨大作用的充分理解，是科学、技术和经济的紧密联系，知识已成为经济的核心。知识经济是人类知识特别是科学技术方面的知识积累到相当高度的产物，又是人类知识生产率提高到一定程度的历史产物。

（二）知识经济的基本特征

1. 知识化经济

知识经济不同于传统的农业经济和工业经济，它是以现代科学技术为核心，是建立在知识的生产、处理、传播和应用基础上的经济。知识经济的这种特征，决定了知识创新的水平和速度是经济增长的关键因素，掌握和应用知识、信息的能力是经济竞争力的核心；决定了投资于人，培养和开发人的创新能力的现实紧迫性和客观必然性。

2. 信息经济

农业经济和工业经济主要依靠交通运输形成的“物质流”作为社会交往的手段，以知识为基础的经济利用信息网络作为社会交往的主要手段。因此，知识经济又称为“信息经济”。

3. 高科技经济

以知识为基础的经济的发展带来了产业结构的变化，以往的经济经历了以农业为支柱产业的农业经济和以工业为支柱产业的工业经济。以知识为基础的经济是以高科技产业为支柱产业的经济。因此，知识经济又称为“高科技经济”。

4. 可持续发展经济

农业经济和工业经济主要利用稀缺自然资源和不可再生自然资源，因而又被称为难以持续发展的经济。以知识为基础的经济利用高科技开发富有自然资源和可再生资源，解决了经济发展中的资源短缺和环境保护问题，因而是可持续发展经济。

5. 全球化经济

知识经济具有全球一体化的特征，经济要素在开放的社会里超越国界自由流动；发达的电信、网络与电子商务使商品流通中大量的中间过程消失，时空的阻隔也被消除。网上购物、金融电子化等商务模式将成为知识经济时代商业销售的主要形态。

6. 网络化经济

通过纵横交叉的互动式信息网络可实现信息的交流和共享。电子信息网络将连接庞大的公共及个人的信息资源，包括数字化参考资料、图书、科学期刊、图像等，以及各种市场和经济信息、包罗万象的服务信息等，使个人或企业可以从世界各个角落迅速获得信息或产品。各部门之间、各类经济组织之间及其内部的信息交流和相互依存度达到了空前紧密的程度。

（三）知识经济时代的特征

知识经济是以知识和信息为基础和直接驱动力的经济。知识经济的时代特征包括以下几个方面。

（1）知识将是经济发展中最重要和最关键的资源，知识经济时代的知识本质是不断创新，不断将创新的知识转换为财富。创新与创造是知识经济和信息经济的命脉，没有创新与创造，知识经济和信息经济就谈不上发展、深化，没有创新与创造，也就不可能有真正的信息经济或知识经济。国家创新体系（主要包括研究机构、高等院校以及企业的研究和开发部门）对知识经济具有支撑作用。

（2）高技术产业（以知识中的高科技为重要依托的产业）将成为国民经济新的支柱产业，新的经济增长点；以知识为背景的服务业也将成为新的产业，比如传统上都是把教育和研究开发看成一种事业，在知识经济时代，科学教育、技术教育、职业教育将成为对未来最好的投资，家庭把对子女的教育作为对未来最好的投资，个人把对自身的学习教育看成作为对未来最好的投资，企业与国家也是同样。

（3）社会呈现世界化趋势。知识经济为基础的社会，信息技术已渗透到经济领域的各个角落，随着全球信息高速公路的全面开通，人们可以通过交互式网络获取大量的知识和信息。信息飞速采集和利用，时空概念缩小，信息资源全球共享，社会经济呈现一体化趋势，人们面临着立体式、全方位的开放时代。世界的市场更加要求开放，信息及信息资源更加丰富，市场竞争将会日趋激烈。

（4）产品和服务的知识含量将大大增加。

（5）无论对个人、企业，还是一个国家来说，知识学习有着重要的意义。

二、知识经济对劳动力市场的影响

据经济合作与发展组织（OECD）的研究报告分析，知识经济的标志是劳动力市场对有高度熟练技能的工人的需求日益增加，并且这些员工的工资待遇也在上升。知识密集型生产方法（如依据信息技术形成的方法）发展越快，对有高度熟练技能的工作人员的需求就越大。使用先进技术的员工或受雇于有先进技术企业的员工获得较高的工资。劳动力市场优先选择在处理编码化知识方面有综合能力的人员，这对于低技能工作的需求具有负面影响。人们注意到这些趋势将会把大量的、日益增长的正常工薪工作的劳动力排除在外。

（1）全球化和激烈的国际竞争导致了OECD成员国家对低技能工人的相对需求在降低。但是，实证研究表明，从低工资国家流入的劳动力的增长也可能引起某些失业，只是由于流入增量的规模有限，不可能以此来解释这种现象。

（2）技术的变革使得就业形势对有熟练技术能力的工人更具有倾向性。尽管依据仍有些零散，但对信息技术应用的研究更证实了这一趋势。数据表明，在工作场所引入计算机和其他形式的信息技术的企业中，工资和就业机会的两极分化是最为惹人注目的。

（3）劳动力市场组织机构的变化和公司行为的变化，是一些OECD成员国家低技能工人实际工资下降的主要原因。新的高性能的车间和灵活的企业强调工人的质量，例如首创精神、创造力、解决问题的能力及对变革的开放性等，并乐意对工人的这些技能给付报酬。而且，在一些国家中工会的削弱导致雇主实行低工资策略，对低技能工人的状况产生了负面影响。

上述三种现象已融合在一起，强化了在经济领域的各个层次上加速学习的需要。虽然在短期内劳动力市场有所错位，但从长远看，积累知识和深入学习必将促进经济发展和创造就业机会。

三、知识经济对高等职业教育的影响

（一）知识经济对高等职业教育的挑战

知识经济的兴起所引发的经济革命将是塑造全球经济的决定力量，知识将成为最主要的经济因素，带动社会生产中各种劳动形式向以脑力劳动为主和不断开发新资源的方面发展。它对直接有效地为经济发展服务的高等职业教育的发展必将产生巨大影响。

1. 知识经济对高等职业教育思想观念的挑战

知识经济的兴起，会带来教育观念和教育思想的变革，整个社会将树立全民教育和终生学习的新思想、新观念。人们将高度重视高等职业教育。教育和科技的发达与否与整个国家经济的发展息息相关，科技兴国早已是国际社会的共识，谁掌握了 21 世纪的教育，谁就掌握了 21 世纪。一个国家要攀登高科技的顶峰，要靠传统教育即正规的大学教育，而整体国民素质的提高则要靠职业教育来实现。

2. 知识经济对高等职业教育人才培养的挑战

以知识为基础的经济不仅要求我们每一个人是相应知识、技术的继承者，更应成为知识、技术的创新主体。知识经济的兴起会对高等职业教育的目标和任务的重点起到极其重要的促进作用，主要目标将会成为培养知识型劳动者和智能型人才，全面提高全民族的思想道德素质和科学文化素质将成为高等职业教育的重点。伴随着知识经济的发展，知识型劳动者和知识型人才将会从台后走向台前，成为决定生产、经营和管理运作的主体，人力资本知识积累将成为改变经济系统运行的主要推动力量。

3. 知识经济对高等职业教育课程设置的挑战

知识经济的兴起引发教学内容和教学方法的改变，高等职业教育将成为具有现代气息的一种新型教育。知识经济和信息时代的到来，要求从知识型劳动者和智能型人才培养目标出发，根据知识经济发展的需要，打破学科间的壁垒，加强学科间的逻辑和结构上的联系，追踪和引进高科技和社会发展最新成果，尽量把体现高新科技发展特征的多学科知识交叉、渗透、融合反映到教学中去；要求高等职业教育注重教给学生学习高新科技知识以及高科技本质和内在规律的思维方式，为他们探索新事物，培养创新能力奠定基础。

（二）知识经济为高等职业教育发展提供机遇

1. 高等职业教育必须为知识经济发展服务

人才是发展知识经济的根本基础，经济系统的知识水平和劳动者素质已成为提高生产率和经济增长的内在动力之一。大力发展高等职业教育，面向市场、面向产业结构、面向经济的全球化，建立能主动应变的、创新的高等职业教育培训网络体系，是开发人才资源、提供人才资源的必要条件，也是中国走向知识经济的必由之路。

2. 职业教育是一种广泛的、灵活的、宽容的教育

目前，我国正面临着产业结构的调整和高新技术的引进，随着大量引进外资和国外先进技术、先进设备，对工人和技术人员的要求也在不断提高，加强继续教育培训已成为适应经济科技发展的必然。在新旧产业更替之时，大量就业机会与下岗待业现象并存。从下岗、转岗到再上岗已经不再是工种的转授，高素质、高技能的员工将在择优劣汰中成功，再就业的潮流必将依赖于高等职业教育的发展。

（三）知识经济时代高等职业教育培养目标的智能结构

知识经济时代，人们面临的是由信息化和交互式网络带来的立体式、全方位的开放时代，伴随而来的是产业结构、社会组织、管理模式、生产技术、产品形态、市场布局等变化。因此，在知识经济时代，高等职业教育也面临挑战，高等职业教育应培养适应知识经济时代的开放型、复合型和创新型人才。

1. 高职人才应具备良好的心理品质

信息产业的发展使知识产品更新换代速度加快，知识创新与拥有速变；新一代网络的形成使地球变小，整个世界成为一个联系便捷且紧密的“地球村”；人际交往频繁和形式的变化，社会环境变化较以往更加复杂等等，知识经济同时也带来了生活、工作的节奏加快，这种快节奏加剧了人们的紧张感和压力感，因此，需要那种视变化为机遇、视困难为坦途、具有良好心理素质的人才。高职学生承担着将知识转化为技术的重任，直接影响着我国技术水平的提高，因此，更需要具有乐观、自信、勇敢、执着、顽强的健全人格和良好的心理品质，以适应这种变化。

随着全球经济的一体化，对外开放的力度加大，中国必须积极主动地

参与国际自由竞争。面对发达国家因科技教育的优势所形成的巨大竞争压力，我国高等职业教育所培养的人才必须具有坚定的社会主义信念、国家民族的危机感、时不我待的紧迫感、责无旁贷的使命感。高等职业教育当前更要强调职业道德素质，培养学生爱岗、敬业、诚实、守信的优秀品质，教会学生学会学习、学会做事、学会做人。

2. 高职人才应注重智能训练，培养学生创新精神和创新能力

学生智能训练，主要是培养学生的自学能力、研究能力、综合思维和融会贯通的能力、表达能力、获取新知识的能力、高度熟练的信息处理能力和组织管理的能力。这些能力是知识的生产、传播和使用所必不可少的，因此，对高职人才的智能训练是知识经济时代的必然要求。

知识经济时代，世界各国间综合国力的竞争是知识创新、传播、应用系统的竞争；是高新技术研究、开发、生产系统的竞争；是信息产业网络开拓、发展系统的竞争；是高智能人力资本和教育机构科学化程度的竞争。因此，高职人才需要依靠已有的知识基础，凭借自身具有的理解力、分析力和综合思维的能力，不断猎取新知识，完善知识结构，焕发超常创造力，来适应知识经济的需要。

人力资本和物质资本都是人类技术进步的载体，但人力资本更具能动性。知识经济时代，经济增长的根本动力源于技术的创新与进步。面向知识经济时代，素质教育的核心是培养人的创新精神和创新能力。而具有创新能力的人，将成为知识经济社会的重要人力资本，经济运作的核心。高职学生应尽早参与知识创新活动，在学习的过程中有所创新，在创新的过程中不断汲取新的知识。

3. 高职人才应具有知识技术的转化应用能力

高等职业教育最根本的培养目标是培养高级应用型人才，这也体现了知识经济的主要内涵。知识经济时代，也是应用高新技术、高新科技、高新技能的时代。高职人才既应是知识的拥有者，也应是能把知识创造性地转化为生产力的人，并从中取得最高效益值，成为社会和经济发展的最大

动力。高职人才要具备消化、理解、掌握应用对象的能力，才能将知识自由转化到应用中，同时，还要具备高超的动手能力，不局限于一般的技术型操作，并且可以在一定的知识积累基础上，领悟别人创造知识的创新过程，将已掌握的知识运用到自己所从事的管理或生产过程当中，改进以往的管理或生产，并在改进的过程中创造出高于已有知识的新的管理或生产技术。通过这种创新，不断生产出新的知识、新的技术、新的工艺，从而推动社会的不断进步。

4. 高职人才应具备协作能力和团队精神

未来社会分工越来越细，经济、社会交往的范围越来越大，人们的信息获取、经济运作、科学研究乃至生活质量的提高等，都离不开与人的交往和合作。随着经济全球化的发展，竞争与合作也会超越国界。实践知识的创新，高新技术的生成，非个人能力、智慧所能及，须多人合作、相互磋商、相互启发、借鉴、详细研究，才能不断地创新发展。这决定了知识应用领域科学研究的创新发展也要走整体化道路。面对这种现实，高等职业教育培养的人才，需要具备高情商的素质，把合作共创能力发挥到极致。

第三节 高等职业教育培养目标的实现途径

高等职业教育培养目标是发展的概念，随社会经济的发展而变化，我国的经济结构、产业结构、技术结构的根本变化不仅对高等职业教育的培养目标提出新的要求，必然也会对实现培养目标的途径产生更新更高的要求。要实现知识经济时代高等职业教育的培养目标，就要创新高等职业教育观念，要更新现代教学条件，包括教学方法、实践系统、课程设置、师资建设以及学校软硬件设施的改善等，还要有外部环境强有力的支持，主要是社会各界特别是企业在思想上和经济上支持。实现高等职业教育培养目标，需要多种途径的综合运用、协调发展，需要多方面力量相互合作、共同努力。

一、树立现代高等职业教育观念，形成共识

（一）创新教育观念和以人为本观念

教育观念直接影响到人们在教育实践中的价值取向和行为模式。要树立新的人才观、教师观、学生观以及学校观。教育要着眼于学生的发展，承认学生的巨大的发展潜能和价值，充分尊重学生的个性与创造精神。在教学管理和教学方法上，不把学生看作消极的管理对象和灌输知识的容器，而把学生看作具有创造潜能的主体，具有丰富个性的主体，采用弹性学制为学生提供更多的学习机会，让学生真正主动地、生动地发展。为了彻底改变“以教师为中心、以课堂为中心、以教材为中心”的教学模式，突破传统教育“传道、授业、解惑”的功能，需要教师和学校在思想上牢固树立“以人为本”的教学理念，然后通过教学方法的改革，逐步把学生由被动地学习转变为主动地学习，以适应知识经济时代教育发展的要求。

创造性活动归根结底是要靠人来进行，而培养创造性精神的一个基本前提就是创造者必须有对传统事物怀疑、批判和超越的发散性思维，必须在继承传统的同时，敢于怀疑、批判甚至超越。因此，在教学中，教师要培养学生的批判精神。

（二）树立终身学习的观念

社会的知识化与知识的不断丰富和快速更新，使终身教育成为社会和个体的强烈需要。职业教育终身化是指每一个社会成员一生中（特别指成年阶段）都要接受职业教育。在纵向上，终身教育制度要求体现上下连续性和一贯性。强调学前教育、学校教育、学校后教育以及老年教育相结

合，强调终身教育在组织上和内容上一体化；在横向上，要求打破各类教育相互分离的状态，实现成教和职教相互沟通和渗透，正规教育和非正规教育相互补充，学校教育、家庭教育、社会教育相互结合。

当人们把职业的更换与失业作为市场经济条件下的一种常态，把职业中新知识、新技术含量增加与急剧变化看作信息社会的一种常态时，终身职业教育与培训思想已被人们广泛接受。在职业教育终身化社会中，职业教育运行的中心是受教育者。受教育者利用各种机会提高自身素质、完善职业人格。因此，只有职业教育摆脱传统教育思想的束缚，积极主动地按社会需求进行调整、改革，不断进取、勇于创新，才能真正实现职业教育终身化。

终身学习还要学生自身具有三个基本的素质：一是具有不断学习的动力，只有喜欢学习、明白学习的重要性，才能主动地不断学习；二是能敏感地把握学习对象，要准确把握时代发展的脉搏和自身的实际状况，根据社会发展的需要和自身的实际情况来调整自己的知识结构；三是具有能够不断学习的能力，学习型社会将给人们提供更多的正规教育和培训的机会，但是自学的方法也极为重要，这就迫切需要人们具有自学的能力。因此，在学校教育阶段，应该着力培养学生的学习兴趣、培养学生认识自我的能力、着重打造学生的自学能力，在传授知识的同时，重点培养学生独立思考、独立分析问题和独立解决问题的能力。

（三）树立素质教育的观念

高等职业教育要实现其培养目标，必须实施素质教育，强调学生综合素质的提高，培养健康的人。包括体质、心理、观念、修养等多方面的提升，其核心是创新与实践。

首先，在理论渗透层面，应促使学生从宏观角度看待社会和世界，从哲学的高度思考人生和社会，要培养学生具有唯物主义历史观；要让学生历史地看待中国，寻找民族归属感，强化法制观念，遵守社会道德；对学生进行挫折教育，培养学生自强自立的意识品质；还要开设音乐、美术、艺术、书法等课程提升学生的艺术修养。

其次，在活动实践层面实现综合素质的提高。高职院校除了要与企业合作为学生提供实践岗位外，也要积极开展一些有利于提高学生综合素质的有益活动。如演讲天地、佳作赏析、艺术欣赏、公益劳动、市场调查、联谊会、运动会、竞赛等活动，以学生为主体的活动可培养学生的艺术修养、增加生活情趣、挖掘学生潜质、培养团队精神和服从、守时、配合、负责的劳动品质。

二、建立新的高职教学理念，培育多元化教学体系

（一）教学模式

传统的知识本位以学科课程为中心，以传授经验、知识为主，偏重理论知识的实践性和应用性。由于高等职业教育固有的高度实践性特点，因而知识本位有很大弊端。现代职业教育强调的是能力本位，这就要求其培养目标的定位在操作和最后的呈现上也应该是以能力模块的方式运作的。因为任何一种教育最终都将归于受教育者能力培养的形成，特别是极富实践性和实用性的职业技术教育，在知识和技能基础上形成的能力要成为职业教育的最直接目标，所以，能力本位必须体现职业教育的职业性、技术性的本质特点。职业教育不仅要帮助学生学好知识，更重要的是提高能力，不仅使学生适应目前的岗位竞争，更要适应未来职业竞争和广泛意义上的生存竞争。职业教育首先是职业导向性的教育，传授职业知识和技能，培养职业道德，提高职业能力，是它的特殊任务。由此职业教育培养目标的设定理所当然地要在职业技能上下功夫，从而通过教育培训使一般劳动力成为技术劳动力。

（二）培养方式

实践是高校教学体系的有机组成部分。传统的教学实践一般采用“理论—实践”阶段性、序列性模式，理论和实践未能构成有机的整体，处于分割状态。实践导向模式是适应现代高等职业教育基本规律和特点的教育

教学方式。实践性教学是实现高等职业教育培养目标的主体，对于提高学生的职业意识、职业技能以及各种能力而言，是最直接、最有效的手段。它将实践教学贯穿于教育的全过程，通过实践导向，通过师生之间的互动形式，传递现代教学内容。

实践导向强调学习是一种在行动中理解的行为。通过实践性教学导向，保证学生一旦得到新传授的信息时就能与所得到的信息相互作用，产生共鸣。学生是通过自身的体验和应用来学习新的概念、原理和知识的。实践导向可发挥每个学生的主体作用，积极参与教与学的全过程，充分挖掘学生潜力；引导学生自主学习和探索，具有针对性强、学习效率高的特点；实践导向具有知识整合特点，能有效培养综合分析能力，有利于培养学生的团队合作精神和组织能力。

（三）多元化的实践教学体系

多元化实践教学体系的内容主要表现在实践教学目标的多元化、实践教学形式的多元化、实践教学项目设计的多元化和实践教学师资的多元化。实践教学目标的多元化是由职业院校多元化办学的形式和实践教学的内容决定的。实践教学形式多样，如以校内实习基地和试验场地为主要阵地，根据教学进程组织教学；与校外的实践教学基地，如工程、生产、经营等单位紧密联系，形成产学研结合，在学生实习的各个阶段，由学校教师和生产单位共同对学生进行指导和训练；根据用人单位对毕业生的知识、技能等实际需要来进行“订单式”培养，或者强化职业能力的训练，鼓励学生获得多种职业证书资格等，高职院校可综合、交叉运用这些实践教学形式。目前高职院校实践教学项目设计主要有以下几种类型：复制型，即在学校内复制某企业或生产车间实际生产现场，对学生进行与生产岗位“零距离”的实际训练；模拟型，即在模拟职业环境、职业氛围和操作过程，使学生在模拟训练中获得职业的真实感受；仿真型，即根据生产现场的工艺和设备，运用教学模型的形式，在实训场所再现生产现场的生产工艺、主要设备的仿真性运转，从而展示机械、工艺原理和生产流程，使学生得到理论和实践的提高；虚拟型，即以学生将来可能所履行的岗位和从事的工作为基础，以实际的或虚拟的案例，让学生扮演不同的角色，来实现虚拟环境中的实际训练。

三、建构全新的教学计划、教学大纲和教材

建构全新的教学计划、教学大纲和教材是达到高等职业教育培养目标的前提条件。教学计划是按照高等学校培养目标制定的指导教与学活动的规范性文件，它体现了社会对某一种专门人才培养规格的基本要求，是学校组织和管理教学工作的主要依据。教学计划包括专业培养目标、学习年限、课程设置及其主要教学形式和学时的分学期分配。教学计划的主要组成部分是课程体系，这在下一章中将详细论述。对于高等职业教育，编制教学计划时，要依据高等职业教育的特征，为达到其培养目标而设置，从岗位能力分析着手，组织专家、教师和生产第一线的技师、工程师，进行职业岗位能力的归类和分析，明确岗位的能力要求，分解成专项能力，构成具体的高等职业教育教学新论计划。

教学大纲是以系统和连贯的形式，按章节、课题和条目叙述该学科主要内容的教学指导文件。教学大纲规定了每个学生必须掌握的理论知识、实际技能和基本技能，也规定了教学进度和教学方法的基本要求。高等职业教育的教学大纲编制要遵循三个原则：一是明确的目的性。教学大纲是根据教学计划规定某一门课程教学内容的文件，因此，教学大纲实现要明确本门课程在整个课程体系中的地位、作用，规定本门课程的基本教学任务和要求。例如，学习英语，高职院校的学生除了学习基本的语法、单词外，一个很重要的任务是熟悉与职业领域相关的专业英语，更注重应用，这就有必要对高职学生学习的英语内容进行筛选，整理、浓缩，使之更好地符合高等职业教育培养目标的要求。二是前沿性。高等职业院校负有培养高级专门人才的使命，要把人类已有的知识技术传授给学生，将学生带到科学技术发展的前沿，只有把最新技术引入实践教学内容中，才能使学

生具备开拓创新的基础。三是思想性。要使高职学生全面发展，还要赋予教学内容以思想性。帮助学生确立正确的世界观、人生观和价值观。另外，教学内容还要具有启迪性和教学适用性。

在教材设置上，目前高等职业教育课程设置带有浓厚的普通高校课程色彩，专业理论课占的比重太大，一些应用性强的专业课所占比例太小，导致教材内容脱离了生产的实际，没有太多实用效果，也无法体现职业性。高等职业的教材必须从职业需求出发，加大职业技术型课程的比例，强化应用性，突出职业性。

四、建立高技能人才校企合作培养制度

校企合作培养制度从本质上说也是产学结合的制度，产学结合是高等职业教育的特征之一，也是培养实用性人才的根本途径。各地高职院校要建立高技能人才校企合作培养制度，可由政府及有关部门负责人、企业行业和职业院校代表，以及有关方面专家组成高技能人才校企合作培养协调指导委员会，研究制定校企合作培养高技能人才的发展规划，确定培养方向和目标，指导和协调学校与企业开展合作。

（一）职业院校应以市场需求为导向，深化教学改革

高职院校要紧密结合企业技能岗位的要求，对照国家职业标准，确定和调整各专业的培养目标和课程设置，与合作企业共同制订实训方案，采取全日制与非全日制、导师制等多种方式实施培养。

（二）做好需求预测和培养规划

行业主管部门和行业组织要结合本行业生产、技术发展趋势以及高技能人才队伍现状，做好需求预测和培养规划，提出本行业高技能人才合理配置标准，指导本行业开展高技能人才培养工作。企业应结合对高技能人才的实际需求，与职业院校联合制订培养计划，提供实习场地，选派实习指导教师，组织学员参与技术攻关。支持企业为职业院校建立学生实习实训基地。实行校企合作的定向培训费用可从企业职工教育经费中列支。对

积极开展校企合作承担实习见习任务、培训成效显著的企业，由当地政府给予适当奖励。

（三）加强职业岗位训练

接受高等职业教育的学生，除了在校内进行必要的实验、实习训练之外，还必须到企业、行业中进行必要的职业岗位训练。

（四）加大支持力度

教育部门要进一步调整教育结构，对承担高技能人才培养任务的各类职业院校，要规范办学方向和培养标准；对积极运用市场机制开展校企合作、实施产学结合，并在高技能人才培养方面作出突出成绩的职业院校，中央和地方财政在实训基地建设等方面给予支持和奖励。

在目前教育经费投入不足、学校教学设备水平相对落后的情况下，实行校企合作，一方面，可让学生到企业（特别是知识型企业、技术密集型企业）学会高新技术的实际应用；另一方面，可由企业资助学校实验室建设，向学校提供毕业设计选题，指导学生毕业实习，接受教师到企业承担应用技术开发项目。学校与企业进行技术和知识转让合作，共同培养适应需要的高等职业技术人才，这也正是高等职业教育的重要办学特色。

五、加强高技能人才培训基地建设

建立能够对学生进行技能训练的基地以强化教学过程的实践性，提高学生职业能力，这是达到高等职业教育培养目标的重要保证。

目前大多数高职院校对实践教学基地建设投入少，建设方向不明确，与社会、生产一线结合不够紧密，实训设备简陋，实践教学内容陈旧，实践教学手段、方法比较落后，不利于高等职业教育的培养目标的实现。为培养企业、行业所需要的既有专业理论又有动手能力的应用型、技术型、公益型人才，必须针对岗位职业的需要，强化教学过程的实践性，增加实践性教学环节，实行产教结合，教学做三者合一，为此，必须建设高技能人才培训基地。

国家应适当地加大对实验基地资金的投入，改善现有高职院校实验基地设施、设备普遍落后的现状，选拔、扶植、建立一些样板式的实验基地；高职院校应充分发挥现有教育培训资源的作用，依托大型骨干企业（集团）、重点职业院校和培训机构，建设示范性国家级高技能人才培训基地。有条件的城市，可多方筹集资金，根据本地区支柱产业发展的需求，建立布局合理、技能含量高、面向社会提供技能培训和技能鉴定服务的公共实训基地。

六、加强师资建设、提高教师素质

教师是教学活动中教的主体，既是某一学科领域的专家，又是教育教学工作的承担者。高等职业教育的显著特点是理论与实践并重，要求高职院校的教师不仅要有良好的思想政治素质、掌握现代科学的最新知识、深厚的理论素养和合理的知识结构，而且要具有娴熟的职业技能技巧。高等职业教育可持续发展的关键是建立一支“双师型”队伍，一方面对教师的结构进行优化，使师资队伍结构更加合理；另一方面对高职教师进行培训，不断提高教师素质。高职院校要加强教师的继续教育，使教师的学位水平得到提高。利用多种形式促进教师和社会的密切联系，提倡教师到工厂、企业去学习，使教师具有本专业一定的实践经验。采取激励措施，鼓励教师考取相关专业的职业资格证书，成为“双师型”教师，从而提高教师队伍的整体素质。

第三章

高等职业教育发展模式演进

第一节　学徒制模式

在漫长的农业社会，学校职业技术教育产生之前，技术的传递和劳动力再生产是如何实现的呢？回看人类历史，无论在东方还是在西方，职业技术教育的最早起源都是来自某种形式的现场学习，这种现场学习被作为制度流传下来形成了学徒制，这就是职业教育的最早形态。虽然那时并没有“高等职业教育”的提法，也并非现代意义上的“高等职业教育”，但在现在早期的学徒制和许多其他机构中基本具备了高等职业教育的特质。作为一种古老的职业技术教育形式的学徒制，是现代职业教育的原生型，是工业革命以前技术传递和劳动力再生产的主要形式，是适应于落后的家庭手工生产技术的教育模式。

一、农业社会背景考察

（一）职业教育伴随人类社会而生

技术和职业传授自从人类诞生以来就已经存在，职业教育是随着人类社会的出现而出现的一种社会现象，是人类为了维持自身发展需要而进行的社会活动。在人类发展的早期阶段，生产十分落后，还谈不上社会分工，因而也就没有明显的职业之分。那时，传授知识和技能的主要途径是通过劳动和社会生活实践，主要方式是观察、模仿、边干边学。教育是人类满足生存需要的基本条件，通过口耳相传、共同劳动的方式传授获取食物的生存技能，教育与生产结合在一起——这也是教育最原始的职能。为了获得自身生存与发展的能力，人就必须在日常生活和生产劳动中向年长的人学习，掌握各种生产劳动所需的技术和技能；同时，长辈也有义务向下一代传授劳动技能与技术，使人类社会传承发展下去。可以说，人类在改造自然的过程中必然伴随着经验、技术世代传承的活动，这种生产劳动经验、技术、态度等的传递活动就是职业教育的雏形。

教育最早产生于人类社会时是以其最本真面目出现的：与生产劳动相结合，通过提高人的能力改变生活环境，满足生存需要。这时人的发展、社会的发展及教育的发展处于无意识的“元和谐”状态，教育人类学把这种阶级社会产生之前这一时期的教育称为“元教育”，用以指代这种满足生存需要的生产服务，渗透于人类社会文化之中，充分体现了教育的本性和本真意义。“元教育”与后来那种与生产相分离的教育相对，其特征是“人的需要和社会需要、教育的进化和生产的过程紧密结合，人的发展和社会进步平行发展，互动共进”。这种低水平的生存性技艺教育也是职业教育最原始的起源，能者为师，分散、自发、随机、简单等是当时教育的主要特征。但随着人类工具的利用和生产水平的发展，教育开始从生产过程中脱离出来，成为一种专门分工的活动而获得了独立的发展，逐渐产生了诸如氏族仪式、巫术、成人礼等专门的教育活动，还演变出了学校的雏形——青年之家。

随着人类生产力的发展，劳动剩余产品的出现促使了社会分工、私有制和阶级的产生，一部分人能够脱离物质生产劳动而专门从事对社会的管理以及对人类各种经验、知识的系统整理和总结，教育也逐渐开始从生产劳动中分离出来。知识的传授与学习逐渐成为一种有意识的活动，而阶级、特权和国家的出现打破了“元教育”原有的和谐与平衡。日益复杂的生活经验和生产技术需要专门的教育形式，教育活动成为社会分工的产物获得了独立发展，并产生了一种新的教育形式——学校。但第一次从直接生产劳动中分离出来的教育并不是职业教育，而是以培养阶级统治人才为目的的古典普通教育。在工业社会以前绵延数千年的农业文明中，不同地域不同民族在不同时期的教育呈现出了相同的特征：教育为少数特权阶层子女服务，教育内容和实际生活脱节，教育更多的是和政治、宗教联系在一起，而不是经济。这一时期最典型的教育类型就是起源于古希腊、古罗马时代的自由教育，埃德蒙·金把代表这种教育的典型学校称为修道院学校或堡垒学校。

原本应当传授生产技术以加速社会发展的学校背离了为生产服务的轨道而出现了异化，人类社会生产仍沿袭“元教育”时代的落后方式，技艺技术教育也未能进入学校教育的殿堂，而是旁落民间，仍以父子相传、师傅带徒弟的最古老的方式进行。

（二）手工业发展与学徒制的产生

职业技术教育作为人类社会生存、延续和发展的手段，作为物质生活资料的再生产和人类自身再生产的手段，存在于人类历史的任何时期。但同时，职业技术教育又是一个历史的范畴，在人类历史发展的不同阶段中，教育的目的、内容、形式以及方法等又是不断变化着的，从而使一个历史时期的教育区别于另一个历史时期的教育，而生产力的发展水平是决定这种变化的主要因素。

随着社会生产力的发展和剩余产品的出现，教育得到了很大发展，开始有目的地传播某种观念和生产技能，形式和内容都日趋多样化，还因生产分工出现了如捕捞业、畜牧业、农业等不同的教育类别。当社会分工产生以后，尤其是手工业的发展，所传递的经验也进一步条理化、规范化，而经验的专门化、条理化和规范化，为学徒制教育模式的产生创造了条件，于是，自觉的、有目的的、有组织的经验传递活动便应运而生，这就是学徒制教育模式。学徒制的雏形是父子相传的师徒制。技术的复杂性导致“元和谐”教育无法再有效地传承技术，而且，技术只被一部分人所掌握和垄断也促使技术传承必须也只能专门进行，于是通过家传的形式传授职业技能成为一种社会需要。这也是学徒制的最初形态——父子相传的学徒制，父亲把自己的职业传授给自己的亲生儿子，既然已经确立了严格的职业世袭制，所以父亲向自己的儿子传授职业上的技艺和秘诀是理所当然的。

随着人类生活、生产技术逐渐复杂化、先进化和多样化，一些新的手工业行业不断涌现。据古希腊文献记载，当时除了石匠、木匠、陶工和青铜匠外，还出现了铁匠、金工、纺织工、制绳工、桶匠、筑路工、金属雕刻工、刺绣工和塑像工等。旧技术的复杂化、先进化以及新技术的不断产生，家庭教育得以进一步发展，以适应新技术的需要。手工业从自给自足的家庭工业进一步发展，引起了职业上的分工，以至工匠不能只靠自己的孩子去完成任务，还需要向别人的孩子传授技艺，才能保证有足够数量的熟练工人，使自己的职业发展下去。人们开始收养别人的孩子到自己家里，向他们传授职业上的技艺，以满足技术传承的需要，由此产生了正式的学徒制模式。学徒制的兴盛起源于中世纪城镇的兴起和手工业的繁荣，直至第一次工业革命发生之前一直是职业教育的主要模式。随着机器大工业取代了工场手工业，学徒制职业教育模式才逐渐因不适应生产方式转变而被学校职业教育所取代。

（三）古典人文教育对技艺、技术的排斥

不论在西方还是东方，教育历史显示出了惊人的一致：学校一经出现便成为统治阶级的工具，成为培养统治者和官吏的场所，重视古典人文教育，视技术、技艺为雕虫小技，技术、技艺流落于民间，只能通过最原始的教育方式——学徒制得以延续。这令我们不得不深思这其中的规律。

对教育发展史的考察表明，阶级社会产生以后的漫长时期中，教育演化为两种形式：一种是直接满足官场需要的官学；另一种是零星地散布于民间的学徒制。学徒制成为职业教育的历史选择，不仅仅由于社会经济与生产方式，另一个关键因素还在于学校的出现，在于古典人文教育对技艺、技术的排斥。具体而言，一方面，受当时的社会生产力的发展水平所限，生产知识和技术仅限于简单的经验传递，未形成系统化的知识，同时由于职业的世袭性，生产经验与职业技能的传承也仅在父子之间、家族之内。生产技术水平低下和职业传承的世袭性使得职业教育未能进入学校教

育，而只能沿袭民间职业传授的路径——学徒制。另一方面，脑力劳动、体力劳动分工和社会阶级的出现使得人类社会意识形态领域也发生了很大的变化，“劳心者治人，劳力者治于人”等鄙夷生产劳动的思想被广泛宣扬，以培养阶级统治人才为目的的古典普通教育更是视技术、技艺教育为雕虫小技，职业教育遭到占有统治地位的古典人文教育的排斥。学徒制在这种背景下得以流传和发展，成为传授生产技术技艺的早期职业教育模式。

学校的诞生是人类教育发展过程中的重大飞跃，这一专门的教育机构大大提高了人类教育的自觉程度。这种因社会生产发展需要而产生的学校教育机构，本应更好地集中传授生产知识，但却一开始就被脱离体力劳动的统治阶级所垄断，用以培养脱离生产劳动的统治者等精神生产者。

二、学徒制职教模式的产生与发展

从人类进入有史时期一直到中世纪末期，随着农业经济的发展，手工业出现并从农业中分离出来，职业教育从有意识地模仿发展到有严格规定的学徒制度。在手工业发展的不同时期，学徒制经历了父子相传的古代学徒制度、行会时期的繁荣与凋敝、工业革命期后的没落与存续。

（一）父子相传的学徒制

人类通过共同劳动和下意识的模仿，一代一代把技术传承下来，这就是职业教育的最初形式，也可看作一种学徒制度。学徒制度的最初形态是在父亲把自己的职业传授给自己亲生儿子的家庭范围内进行的，这是一种与初期手工业相适应的教育形式。不论是东方的中国和印度，或是西方的希腊和罗马，都曾有过这种形式。为了战胜同行的竞争，很多技艺传授是保密的，职业是限于家庭范围内的世袭制。

随着生产力的发展，特别是随着青铜器时代铸造和手工业的发展，仅通过血亲关系范围内的技艺传承已完全不能满足生产力发展与社会分工的需要，职业教育开始从血亲关系向外围关系拓展，许多手工艺人吸收别人的孩子到自己家中传授职业技艺，这样，原始的学徒制度就逐渐演变成为更加制度化的学徒制。关于古代学徒制度的习惯和法规，许多研究学徒制度的学者大都使用汉谟拉比（Hammurabi）的法典，该法典曾规定：“为使工匠得到发展，并且传授技艺，任何人都不得反对招收养子。”通过这种方式，原始的仅限于父子关系的技艺传授就逐渐演变成为一般性的、制度化的教育形式——学徒制。

当技艺传承对象延伸到家庭成员以外，学徒制就需要靠私人合约约束，契约式学徒制（Indentured apprenticeship）开始出现，并成为主要的职业教育形式而普遍存在。中国战国时期和古埃及、古希腊、古罗马时代都有类似的记载。不仅木匠、鞋匠是学徒制，中国的中医是学徒制，古希腊和罗马的雄辩家和法律家也靠学徒制培训，由于当时生产力水平十分低下，手工生产技术是以经验为依据的，这一时期的学徒制并没有完整的制度规约，常以亲子或养子的家庭关系为基础，同时生产过程就是学习过程，可称为以父子关系为基础的“前学徒制”。

（二）依托于行会组织的学徒制

职业教育因劳动和社会分工而产生，因此生产方式和职业世界的每一个变化都会在职业教育领域留下印迹。学徒制正是在中世纪手工业发展并伴随着初期城镇的繁荣和行会组织的兴盛的背景下走向繁盛的。

随着12、13世纪生产力和社会分工的发展，手工行业的协作组织——行会，在西欧各大城市相继出现，这是从事某一手工业或职业的同业人员的联合体，通过制定自己行业的法规来维护同业人员的集体利益。14、15世纪欧洲行会最为繁盛，各种手工业行会遍布每一个城市。1328年伦敦至少有25个注册行会；1377年，51个行会代表180个行业推选代表参加了众议院的选举。行会的出现和不断发展壮大，使学徒制度越来越带有了社会性质。由于适应了当时小规模的家庭作坊生产方式，学徒制在13、14世纪得到了快速发展，其社会影响日益提高，并逐渐走向制度化和规范化。

（三）学徒制的存续

随着中世纪后期城镇的兴起和学徒制的发展，其弊端也逐渐显现：行会越来越成为少数人实施特权的机构，学徒或工匠被当作廉价劳动力，师傅与学徒之间的纠纷与矛盾积重难返，等等。原先具有促进行业发展的行业协会和技艺传承功能的学徒制弊端与矛盾日深，纵然有国家的参与与控制，仍不可避免地走向衰落。但究其缘由，学徒制无法适应大工业生产和技术变革是其走向衰落的根本原因，具体如下。

一是生产关系的改变，资本主义生产方式下的劳资关系，使学徒制失去了原本的师徒社会关系基础。1765 年，珍妮纺纱机的发明标志着英国第一次工业革命的开始，产业中不断应用机械化的成果，大部分工业被大机器生产所替代，学徒制所依托的手工业随之衰落，失去了其存在的基础。伴随着工场手工业和大工厂生产的出现与发展，原先已经制度化的学徒制逐步瓦解，取而代之的是学校职业教育的兴起和传统的学徒制培训模式的残喘存续。18—19 世纪发生的工业革命及其产业革命导致了生产力和生产关系的变革，这正是学徒制瓦解的根本原因。

二是技术的变革及生产方式的转变使职业技能要求发生了较大变化，旧的学徒制已经不适应甚至阻碍了规模化的集体生产，在新的生产体系中很难找到学徒的位置。工业革命促使人类的技术发生了质的变化：第一，从以农业和手工业技术为主要内容变成了以工业和机械技术为主要内容。人们从以手工为主要生产制作方式转变为以机器生产为主要方式，工业取代农业成为主导产业，人类步入了工业化社会。第二，技术进步从依靠经验技巧变为主要依靠科学理论知识，科学理论知识开始成为技术的主导成分。此时的工业生产所需要的劳动力，不仅要有经验和技巧，更需要具有科学理论知识。而学徒制模式由于自身的局限性，只能培养少数具有技术的劳动力，且无法让他们掌握系统的科学理论知识。在此背景下，学徒制模式无法满足工业生产的需求，这导致其开始没落。

三是传统经济结构的瓦解促使学徒制度开始走向低落。学徒制度是在政治组织力量微弱，社会秩序不稳，并且没有牢固组织的时代繁荣兴盛起来的。

三、学徒制职教模式特征

在前工业社会，学校面向的是贵族子弟，培养的是上层阶级“劳心者”，与职业教育无关，学徒制成为保存和传播技术、培养手工业人才的主要模式。而传统手工技艺及职业技术如何保存和传承？手工业需要的工匠、技艺人才如何来培养？于是学徒制内生于手工业作坊成为职业技术传承的主要形式。作为职业技术教育起源的学徒制，就其模式本身有哪些本质特征？作为孕育了现代职业教育的学徒制模式，与现代职业技术教育又有着怎样的渊源？

（一）学徒制是适应于前工业社会的职业教育模式

在第一次工业革命之前的农业社会中，技术发展水平处于比较落后的手工业阶段。正如马克思所描述的那样：“在漫长的工业革命之前的农业社会里，在产业结构中起主导作用的是农业，其他的产业无不以农业为中心而存在，也无不随着农业的发展而发展。”这一时期的知识与技术尚处于较低的水平，无论是农业生产技术，还是手工生产技术都还是一种经验技术，都是在经验知识的基础上形成的，这种经验技术不同于现代意义上的技术，它们主要是一种“技”（技艺）（在英文里是 art、skill、technique），如工匠、农夫、猎人等的技艺，而掌握这种技术主要依靠经验的积累与改进。对于此种类型的经验技巧和技术来说，传承的唯一方式只能是在实际工作过程中通过演示和操作来传授，通过观摩和反复的练习才能够被熟练掌握，从这一角度来说，具备这些特征的学徒制成为职业技术教育的历史选择。

社会生产与职业世界中的每一个变化，都会在职业教育领域留下印迹。如果说在生产力较低而社会分工不那么细致的古代和中世纪，家庭小作坊的生产方式，是学徒制职业教育模式得以产生并走向繁荣的基础，那么到了 16—18 世纪，生产力的发展促生了工场手工业，学徒制的教育功能被削弱。而工业革命后，大规模机器化的工厂生产，取代了许多传统职业和劳动技能，学徒制的教育功能进一步弱化。学徒制的发展历程进一步说明了学徒制是伴随着手工业发展的必然结果，学徒制是与初期手工业相适应的职业技术教育模式。

（二）培养模式是以技能为中心的现场学习

学徒制在各个国家的发展存在差异，但作为一种教育形式，它们有着共同特点。一是全程教育，学徒要全面掌握一项工作，其教育内容就要涵盖工作的每一道工序、每一个环节。这样培养出来的二匠不仅对自己的职业，而且对整个行业都有全面的了解，充分保证了工匠教育的专业水平。二是以技能为中心，师傅在自己演示、徒弟操作的过程中传授技术的经验，通过具体实例说明行业规范。三是现场学习，生产第一、教育第二，在实际生产过程中边看、边干、边学。学徒制在相当程度上反映了职业教育的基本规律，这些做法对于消除今天学校教育学用脱节、手脑分离、指导无针对性等问题，仍然很有帮助。

1. 以职业实践为中心组织教育内容

以职业实践为中心组织教育内容，普遍采用观察、交流、训练等手段，将作为学习对象的知识与技能融入在实际运用的情境中。学徒制的核心教学方式就是在实际生产中边看、边学、边干，即“做中学”，其绩效标准与评价蕴含在工作情境中自然而持续地进行。学徒期结束时，徒弟就成为一个独立的工匠了，但整个学徒期究竟多长，徒弟能不能学到师傅的“绝活”，在很大程度上仍取决于师傅的态度和师徒关系的性质。近代工业革命中的许多发明都是由学徒制培养的工匠完成的。

虽然对学徒学习过程中到底学到了什么无法准确描述，但是每个行业都有共同认可的技术核心，学徒制使学徒通过整个职业实践的教学过程达到了技术要求，这种教学效果是以学科知识为中心的学校教育所无法比拟的。以职业实践为中心，而非以学科知识为中心，重视实际职业能力的获得，而非知识的系统性，这应该是学徒制职业教育模式对职业教育教学规律的启示。是什么让学徒制在漫长的岁月中如此生生不息？答案正是学徒制“做中学”这一职业教育与培训最本真、最朴素的原则。从实践的角度来考察，就会发现我们今天的学校职业教育并不系统、完善，因为它是以书本知识为中心来组织课程的。这也是工业化初期职业学校不受欢迎的一个重要原因。一百多年以来，学校职业教育无法取代的就是学徒制学习与真实工作世界的零距离优势。在这一方面，学徒制具有学校职业教育无法超越的优势。

2. 生产、生活、学习三合一的人才培养模式

学徒制是在生产现场进行，融生产、生活、学习于一体的人才培养方式。学徒在家庭这一生产、生活、训练共同体中，师徒之间的关系超越了一般的师生关系，既有契约保证的平等互惠，又有准家庭成员角色带来的情感维系，便于学徒进行全方位的学习。同时，由于传统的技术工序相对较少，也没有专门的工序分工，学徒有机会学习到整个生产加工的流程。这种教育与后来资本主义化的工场学徒制、与现代单一工种教育之间，形成了鲜明的对比。

3. 学徒制的局限性

学徒制也具有局限性：一是亲密的师徒关系虽然便于技艺的代代相传，但却限制了技术的传播。无论是西方，还是中国，学徒制早期都是父子相传，随后过渡到养子，最后才扩大到一般的师徒关系。这种以血亲关系为基础的学徒制虽然为了保证技艺与秘诀代代相传，但也限制了技术的传播，限定了教育对象，成为工业革命新生产关系发展的障碍。二是教育效率不高，学徒期过长。由于学徒制的学习是在完整、自然的工作过程中随机地学习，掌握各个工序所需时间很长，因此，学徒期特别长。

（三）学徒制孕育了近代职业技术教育

学徒制度是高等职业教育的原生型，对现代高等职业教育的教育内容与教学模式有着深远的影响。研究学徒制度不仅让我们更好地了解职业技术教育的缘起，也能更准确地把握高等职业教育的本质。

虽然学徒制与现代意义上的高等职业教育有着体系和层次上的差异，但在漫长的岁月里，承担着职业技术教育的功能，为社会培养了许多能工

巧匠，传承了古人高超精湛的手工技艺。相对于学徒制而言，现代职业技术教育的教育功能得到强化，而劳动就业功能就此削弱。

从人类进入有史时期以来一直到中世纪末期，随着农业经济的发展，手工业出现并从农业中分离出来，职业教育从有意识的模仿发展到有严格规定的学徒制度，经历了漫长的发展过程，和手工业生产相适应的学徒制在职业教育的历史中发挥了重要的作用。虽然旧的学徒制已经不再适应工业化大生产，但至今仍有着旺盛的生命力和影响力。而学徒制之所以能在历史中得到存续和发展，是因为它具有一些其他职业教育形式难以取代的特殊价值，包括它具备“做中学”、情境学习、个别化教学等职业教育的教学论价值，它意味着对个体从业资格的认可，它是从教育过渡到就业的桥梁。因此，现代学校职业教育的发展，要在充分认识到民间学徒制的存在及其正在发挥的强大功能这一事实的基础上，借鉴学徒制的精髓，在内容与形式方面对现代学校职业教育进行改造。

第二节　“工厂—学校”模式

一、工业社会背景考察

（一）社会经济和生产技术变迁

生产技术作为职业教育的主要内容与基础起点，在工业革命中受到了巨大冲击，各个方面均产生了巨大变化：从以农业、手工业技术为主转变为以机械化、工业化技术为主，从以实践经验为主导转变为以科学理论知识为主导，社会组织性亦有了极大的提高。技术的发展导致职业教育产生了巨大变化：教学模式从以学徒制为主转变为以学校式为主，教学内容从以实践经验为主转变为以科学理论知识为主，管理（举办）机构从民间私人机构转变为政府机构。

第一次工业革命使人类社会生产方式发生了从以手工业和农业技术为主变为以机械和工业技术为主的转变。同时，由于工业化产生了巨大生产能力，工业取代农业成为当时的主导产业，形成了以制造业（机械、采掘、冶炼等）、交通运输、能源动力为主导的产业结构。技术进步从依靠实践经验为主转变为主要依靠科学理论知识，科学理论知识开始成为技术的主导因素。世界范围内的第一次工业革命完成之后，工业的技术基础已从熟练的经验、技巧变为严密的科学理论知识，科学理论知识对社会生产和技术发展起着越来越重要的作用，单纯的实践经验已不能满足技术进步的需要。因此可以说，“没有科学理论的指导，技术发明，特别是尖端技术的发明已几乎不可能”。

发生于19世纪中叶的第二次工业革命，使电力的广泛应用由可能变为现实，而在电力的应用中又产生了一系列对人类社会生活具有重大影响的技术发明，这些技术变革把世界从蒸汽时代带进电气时代，近代科学开始应用于工业，促进了世界文明从经验技术到科学技术的转变。随着科学技术与工业的紧密结合，汽车、飞机、电话、人造丝、合成纤维织物等工业产品不断涌现，随之而来的是工业生产总量的大幅度增加和农业的革命性变革。中国也正是在这一进程中打开国门，在战争中震惊于科学技术的力量，从而开始“师夷长技”。对技术功效的期待，成为发展职业技术教育的强有力的理由。同时，随着技术进步与经济发展，生产技术层次不断提高，越来越需要技术水平较高的生产者，为了保证教育适应产业发展的需要，各工业国都积极发展职业技术教育，纷纷采取了建立职业技术教育制度的措施。

（二）现代教育改革运动的推动

19世纪末到20世纪上半叶是当代资本主义教育制度的形成时期，各国都根据政治、经济需要和文化传统改革本国教育，其中推行义务教育、发展中等教育成为各国的共同行动，以全民为对象，建立在法律基础上的现代初等教育制度逐渐在欧洲许多国家率先建立起来。19 世纪下半叶至 20 世纪初，西方发达国家基本完成了普及义务教育。随着欧美工业化运动迅速发展，促使教育掀起了新的改革运动，这一教育改革运动的基本任务主要表现在以下四个方面：一是促使教育从宗教统治转向世俗化，大力倡导教育为经济发展服务，服从于社会发展的需要；二是改革传统的古典学术教育体制，全面确立以传授科学知识为特征的实科教育模式为根本教育任务，使科学教育从劣势地位转为占主导地位的教育；三是大力推行大学教育改革，改革大学脱离社会的体制，为现实社会发展服务，同时建立面向为地方服务的新学院；四是积极推行普及义务教育，这是欧洲及美国 19 世纪以来的教育发展主题。此外，还在教法、课程等方面进行了广泛的改革。高等职业教育的建立与发展是现代教育改革运动的重要内容，它的发展水平代表着这一时代的教育发展成就。

（三）国际战争与国际交流使各国普遍注重技能型人才的培养

19 世纪后半期到 20 世纪初期，欧洲核心地区工业化获得了巨大成功并向全球扩散，这一人类现代化进程中的第二次浪潮以电气和钢铁为物质技术基础，以铁路建设为中心，生产、贸易规模大大拓展，跨国、跨洲的世界市场形成。

（四）新教育思潮与职业技术教育改革探索

19 世纪末 20 世纪初，欧美各国兴起了教育改革运动，西欧的教育革新运动被称为“新教育运动”，而在美国则被称为“进步教育运动”。从卢梭的自然主义教育主张，到杜威的“实用主义”理论、蒙台梭利（M. Montessori）的“自由教育”思想，以及凯兴斯泰纳的“公民教育”与“劳作学校”等教育思想层出不穷。在新教育思潮的影响下，主要资本主义国家纷纷开办了培养新式人才的“新学校”，新的教育思潮和实践推动着教育面向社会生产实际，促进了职业技术教育的发展。

同时，这一时期也改革和探索了职业技术教育的培养模式，如当时盛传的“俄罗斯”制就是一种对不同工序加以分解来培训不同工人的方法，它放弃原来学徒制中全程式的工艺教学，把整个生产工艺分解为一个个相对独立的工序，然后对这些工序一一进行单独教学。比起普通教育的班级授课制，这种教学制度的改革更具有划时代的意义。

二、“工厂—学校”高等职业教育模式特征

（一）高等职业教育的“学校特征”：院校体系与制度化

这一阶段的高等职业教育的主要特征是创立了许多正规的院校，并为了适应社会分工的需要，逐渐发展成为多类型、多层次的体系。传统教育的特点就是注重古典人文主义，而轻视实科教育，但到了18世纪，随着城市工业的出现和科学技术的进步，人们普遍认识到，实科学校教育是谋求经济繁荣、政治进步和提高国力的基础。实科学校在社会上引起了巨大的反响。由于机械的使用，生产成本不断下降，原来的手工业者已经不能适应形势发展的需要。人们越来越意识到，原有的学徒制度已经不能迅速提供工业革命和商业流通所需要的大量劳动力。18世纪前后，欧洲处于产业革命和资本主义生产力发展的狂飙运动中，产业革命促进工业技术的发展，对人才提出了新的要求，促进了高等职业教育的发展。这时期高等职业教育发展的最重要特征是开始创办正规院校，如法国创办的土木学校、矿山学校、工兵学校等各式专门学校，以及大革命后创办的巴黎理工学校、卫生学校、师范学校、工艺学院等。19世纪初期，德国具有高等职业教育性质的工业学校已达35所。美国、英国也出现了类似的高等职业教育院校，只不过名称不同而已。

随着主要先进国家的工业化，社会经济发展对职业与技术教育的需求日益专业化，各行各业都需要多种层次的技术人才，于是高等职业教育制度逐步建立起来，更加专业化、多类型和多层次体制的技术院校得以广泛创办，以服务于某一专门的行业或部门。这些工业学校早期面对的是较宽泛的专业基础和广泛的专业部门，随着工业化进程，它们逐渐发展成为专

业面较宽、师资雄厚，且非常注重满足工业对技术研制需要的研究与培训并重的教育机构。同时，在这一时期，传统学术标准仍然是评价和主导教育发展方向的主要力量，这些高等职业学校的创办虽然是基于经济发展对培养高水平技术人才的要求，但当这些学校获得一定成就后，都非常重视学校本身的学术性，成为注重技术开发和技术性原理的理工大学。由于工业社会经济发展需要和传统学术力量的推动，高等职业教育在这一阶段呈现出三大层次：一是升格起来的研究型工科大学；二是如美国社区学院之类的二年制或三年制的专科院校；三是以高等专科方式培训高级工人的行业培训机构。

（二）高等职业教育的“工厂特征”：标准化与大规模

工业革命带来了人类社会生产组织方式和社会制度根本性变革，实现了农业社会向工业社会的整体转换，将世界经济推向了新的增长阶段。劳动资料不再是以作坊里的简单工具为主，而是以工厂里的机器为主，与旧时代的工具相比，这些机器有较高的技术含量，结构相对复杂，效率提高了很多倍，工业生产方式呈现出了标准化、专业化、集中化、大规模的特征。工业生产对劳动者的知识准备与技能准备的要求大大提高，因此，他们必须比前辈拥有更多的知识与技能，“一技之长”已成为普遍的要求。每个劳动者要拥有自己的专业、专长，像螺丝钉一样成为机器流水线上一个必不可少的组成部分。这种生产方式最为典型和普遍的便是以美国福特公司为代表的福特模式，即建立在流水线分工基础上的劳动组织方式和大批量生产方式。在这种生产方式下，脑力劳动和体力劳动明确分工，而工人只需要完成简单动作；采用流水线作业方式，利用泰罗制将流水线细微分工，人成为机器的一个部分；岗位技能、工作规范都是标准化的。

（三）紧密服务于工业社会发展需要

高等教育将紧密服务于工业社会发展需要，其主要任务是建立包含自然科学与技术教育在内的教育体系，改善高等教育与社会发展的联系。首先，由于经济、文化和社会生活各方面都有爆炸式的发展，形成了无数需要传授给下一代的知识和技能，教育内容与生产生活的关系更加直接了。其次，生产活动急切需要有知识和技能的劳动者，由于知识被系统化和程式化，再加上人口的大量增加，教育方法和教育模式也有了很大发展。农业文明时代师傅带徒弟式和私塾式的教育方式，被大规模的学校式教育所代替。

第三节　多元合作模式

工业革命后，高等职业教育的发展逐渐明朗，在各国所建立的教育体系框架内，多种技术学院、短期大学、社区学院、专科学院、专修学院等中学后教育与培训构成了高等职业教育的主体。它有着与传统大学完全不同的教育模式，也与传统大学进行高深学位教育的目标迥异，因此很难将其称之为“大学”，对这些难以称得上大学的多科技术学院等高等职业教育机构，英国称之为“非大学”。正是这些“非大学”调解了“精英型高等教育”和“大众型高等教育”之间的矛盾，为高等教育普及和培养更多社会需要的人才创造了途径。以传授实用技术为目的的高等职业教育，虽然得到了一定的发展，但仍然被斥为低等教育，难以得到与普通高等教育的同等地位和价值认同，这种状况直到 20 世纪 70 年代才得以扭转。从现代人的眼光来看，虽然当时的高等职业教育并没有达到高等的水平，而仅仅是比中等职业教育稍高一些的中学后教育，但随着这类教育机构的发展壮大，它在内涵和质量上不断提升，也逐渐找准了在高等教育系统中的定位。

这一阶段的国际高等职业教育，在教育形式上，建立起以正规教育为主、非正规教育为辅，全日制教育与部分时间制、函授制及自学考证制相结合的体系；在教育层次上，建立起短期高等职业培训、二年制、三年制、四年制的专本科及专业硕士的多层次、多规格的培养体系；在教育类型上，建立起长期高等专业院校和短期高等专业院校，以及与专题培训相结合，并涵盖所有职业门类和学科专业门类的体系。这种多元化的职业教育发展模式，有力地响应了经济的多样化发展。

作为在工业大生产中应运而生的高等职业教育，为适应信息社会的要求，形成了这个时期独有的发展模式与特征。

一、生产、教学、应用性研发形成更高水平的结合

第三次科技革命使传统的工业生产发生了本质性变革，使生产从机械操纵形态转向高科技信息工业时代，并使生产与科技在新的水平上以新的形式再次结合起来。在科学、技术、生产三者的关系上，前两次科技革命表现为生产—技术—科学，许多新机器的发明、科学技术的发现来自工业生产过程中，工业生产是技术与科学的源头，科学在象牙塔中“自我欣赏”而绝少参与应用与生产；而这次科技革命则表现为科学—技术—生产，科学技术进步推动工业生产的变革与发展，成为工业发展的基础和原动力。这是现代高技术和高智能的生产对科学技术应用的要求。这个顺序的变化对高等职业教育发展意义重大。高等职业教育从以企业岗位培训、工人文化学习为主要内容的低层次就业教育走向以现代科学技术为基础、面向现代生产需要的真正的高等职业教育，教育模式也从原来的以工业生产为组织原型的工厂学校模式走向综合化多元合作模式。从科学到生产的转化，需要将科学原理应用于实践从而转化为工程、产品等直接的物质形态的人才，高等职业教育正是承担着对这类高等技术应用性专门人才的培养任务。

二、职业教育与产业界的密切合作

经济危机让人们对教育与经济发展的关系认识更加深入，促使世界各

国从更高层面来着力于加强职业教育对社会经济发展的适应性。

劳工界和教育界之间的新型合作伙伴关系，有助于对学生进行全面能力和职业道德的培养，有助于技术与企业技能的提高，有助于传授作为负责公民的人生观与价值标准。因此，必须在劳工界和教育界之间建立新型伙伴关系，以便在教育部门与工业界之间、各种经济部门之间建立相互协调的机制。职业教育只有与企业密切合作，让企业更多地参与，才能具有充分的灵活性，及时培养出企业所需的劳动力。

三、职业教育与普通教育逐渐融合

工业化时代所塑造的“现代教育”是在批判“传统教育”基础上形成的，它反对教育脱离社会生活和实际需要，建立了标准化、统一化、正规化的学校制度，适应了工业社会的需要。而在后工业时代，“后现代教育”则重视个人的选择和参与，表现为“多元化、零碎化、不确定性”，崇尚创造性、差异性、建构性的教育，强调教育的开放性和交互性。在后工业社会背景下，职业教育发展历程表现出了一种“钟摆”现象，不断受到科学主义和人文主义思潮的夹击，政府、市场和社会对教育的改革与发展提出了不同要求，这是后现代背景下职业教育突出“发展性”和追求“创新性”的根本体现，也是政府和市场双重力量博弈的产物。

四、职业教育层次逐渐上移

必须明确两点：第一，由于各国经济社会发展阶段的不同，高等职业教育在各国处于不同的发展阶段。如在已完成工业化进程的西方发达国家，后工业化特征明显，职业教育发展就更具备后工业化阶段的多元合作特征；而在发展中国家，如仍处于工业化进程中的中国、印度等国家，高等职业教育发展水平及其特征则更贴近于工业社会的工厂学校模式。第二，不同历史阶段职业教育的模式演变是渐进性的，而非代替性的，这些新的发展特征增厚了整个教育的结构。

第四节 高等职业教育发展模式演进规律

职业技术教育作为人类社会生存、延续和发展的手段，作为物质生活资料的再生产和人类自身再生产的手段，存在于人类历史的任何时期。但同时，职业技术教育又是一个历史的范畴，在人类历史发展的不同阶段，教育的目的、内容、形式和方法等又是不断变化着的，从而使一个历史时期的教育区别于另一个历史时期的教育，生产力的发展水平是决定这种变化的主要因素。教育结构的形成有两大原因，一是社会历史与文化基础，即外部原因，主要表现为社会生产力发展所带来的社会分工和社会分化，以及由此带来的社会结构的变化；二是结构自身的逻辑基础，即内部原因，表现为教育活动的各种内在矛盾和复杂关系的运动、变化和发展的合乎逻辑的过程。高等职业教育在产生并确认身份之后，在各国经历了不同的实践进程，形成了迥异的模式与体系，我们必须思考是什么样的发展机制决定了高等职业教育的发展方向和路径，又是什么逻辑导致了各国高等职业教育发展形态的不同。

一、以服务社会为中心：高等职业教育与人类社会互进发展

高等职业教育服务社会的教育模式随着技术因素的不断进步而不断转变发展模式。职业教育受制于同时也敏感地反映着社会生产力的发展与生产方式的变化，职业教育领域的每一次变革，最根本的驱动因素都在于满足和服务人类社会生活与生产方式的变化。从世界现代化的进程来看，人类社会经历了农业社会、工业社会和信息社会三个显著阶段，高等职业教

育服务社会的方式也经历了从农业时代教育向工业时代教育、从工业时代教育向知识信息时代教育发展的两大历史性转变。

(一) 前工业社会(农业社会)与学徒制模式

在人类发展的早期阶段，通过口耳相传、共同劳动的方式传授获取食物的生存技能，这是教育的原始形态。随着人类知识的增加，正规学校教育随之出现，但却被统治阶级所垄断，成为进入上层社会的敲门砖，传授生产知识的教育还是沿袭口耳相传、师徒相因的原始方式进行。几千年来，职业技术教育被视为雕虫小技，难登以传授古经典籍为任务的正规教育的大雅之堂，被排斥于正规教育之外。学徒制是职业技术教育的原始形态。在生产技术落后的漫长的农业社会，无论是农业生产技术还是手工生产技术，它都只是一种经验技术，这种经验技术传承的最佳方式也只能是在实际工作过程中通过演示和操作来传授，通过观摩和反复的练习才能够被熟练掌握。正是适应于社会需要，学徒制以职业实践为中心组织教育内容，在完整、自然的工作过程中进行学习，生产、生活、学习紧密结合。从这一角度来说，学徒制是适应于前工业社会的职业教育模式。

(二) 工业社会与“工厂—学校”模式

工业革命在英国、法国等西方国家先后发生，大工业生产迫切需要对生产者进行系统的技术训练，适应小农经济和传统宗法社会的旧教育已不能适应，口耳相传的原始职业教育形态学徒制已不能满足社会需要，而在正规学校中开设科技科目，职业技术教育进入正规学校系统成为趋势。教育上的传统势力与新的需要之间产生了激烈的对抗，职业技术教育进入正规学校系统遭到了根深蒂固的教育传统的排斥。但现代化运动的根本目的或发展规律就在于，推动教育从贵族的学术堡垒中走出，走向与生产劳动相结合，为经济发展服务，为社会服务。职业技术教育与工业生产结合紧密，能培养出生产所需要的各种人才，有利于人类生产发展，因此，在与传统教育的抗争中逐渐得到了认可和发展。高等职业教育以其对人力资本的贡献成为国家发展的战略重点，学校职业教育蓬勃发展。高等职业教育发展模式在学徒制模式的基础上进一步发展，被打上了工业化时代的烙印：职业教育进入学校，但遭遇传统教育的抵制，以另一种体系与传统教育并行；反对教育脱离社会生活和实际需要，建立了标准化、统一化、正规化的学校制度；人文与科学的分离导致高等职业教育的工具性价值得到增强，重视技能培养而忽视人的发展；与企业合作，培养技术技能人才，强调标准与统一，适应了工业社会的需要。

（三）后工业社会（信息社会）与多元合作模式

信息科技革命使多数西方国家开始从工业社会向信息社会转型，高等职业教育不断受到科学主义和人文主义思潮的夹击，政府、市场和社会对教育的改革与发展提出了不同要求。高等职业教育从以企业岗位培训、工人文化学习为主要内容的低层次就业教育走向以现代科学技术为基础、面向现代生产需要的高等职业教育，生产、教学、应用性研发形成更高水平的结合，教育模式也从原来的以工业生产为组织原型的工厂学校模式走向综合化多元合作模式。

（四）服务社会是高等职业教育发展模式演进的根本动力

自文艺复兴特别是工业革命后，生产性质发生了质变，大生产对掌握生产技能的生产者和高级专门人才的需求与日俱增，高等教育应社会发展之要求逐渐走出学术堡垒，走向为社会经济发展服务的方向。现代高等教育实际上都在趋向科学技术与生产结合成为现代化的推动力，以科学技术为基础的大工业生产要求提高工业的科技水平和培养大量的高水平的科学家和技术工人乃至推进社会文明的整体进步，这就需要发展教育。从这个意义上而言，现代教育是社会发展到一定的阶段时对教育提出的要求，教育与工业化、信息化之间具有互动关系，这一本质特征也规定了教育现代化的本质特性是以服务社会发展、适应经济发展阶段并推进经济发展为使命，教育发展如果离开这个使命，就必然会带来行动上的偏差而导致灾难性的后果。

二、传统与变迁：高等职业教育与社会文化适应发展

教育是一个民族的自我定义，因此总是带着民族文化的烙印。正如中国教育学家顾明远先生所言，每个民族的教育特质“不能简单地肯定或否定，它适合于该国或该民族的政治、经济、科技、制度和发展水平，适合于他们的文化传统，但不一定适合于别的国家或别的民族”。文化传统一旦形成，就成为一种相对独立和稳定的封闭系统，正是这种强大的文化历史惯性决定了哪一种模式可以在特定的文化中生存和发展，同时对高等职业教育改革发展产生促进或阻碍作用。教育体系是每个民族的民族意识、文化与传统的最高表现，既然各个国家之间具有不同的语言、地理、文化和社会，那么世界教育的多样化是必然的。从这个意义上来说，一个国家的教育如果完全照搬其他国家的模式和方法，不充分考虑自己的民族文化传统，必然会使民族文化的发展和高等教育都受到损失。

文化传统对职业教育有很大的影响力，文化传统沉淀在人们心底深处，深刻地影响着人们对教育的理解和道路选择。英国的职业教育相对落后，与英国社会所具有的久远而浓烈的绅士教育传统有直接的关系，二战后英国选择建立多科技术学院、实现大学与非大学并驾齐驱的“二元制”模式，在传统学术价值观主导下的英国，建立多科技术学院的目的是想建立一种与大学平起平坐的高等教育机构，以弥补大学在职业教育方面的不足，从而实现高等教育“大众化”的目标，但深层次探究后发现，这实质上是对英国传统高等教育体制的一种妥协。正是由于受绅士文化、经验主义和折中调和思维方式的影响，英国高等职业教育走了一条改良多于改革的道路。而德国职业教育的发达则与其重视职业教育的文化传统关系密切，在崇尚职业主义、注重实际运用的文化背景下，德国人选择了双元制这一紧密联系产业界的方式完成高等职业教育。德国职业教育模式有着广泛的大众文化基础，可以说德国职业模式的形成是基于一种历史传统和一些理所当然的做法。美国的“实用主义”和“平等、自由”的文化传统造

就了普适性、开放性和多元化的高等职业教育。澳大利亚的英国文化传统、多元文化的包容性和“留精去糟”的实用主义为其 TAFE（Technical And Further Education）高等职业教育模式的成功奠定了重要基础。

综合以上研究，高等职业教育在各国实践形态的不同，是基于高等职业教育服务社会的本性，必须按照本国的实际需要、具体国情和民族文化来组织教育。高等职业教育在各个国家有着不同的发展历程，每个国家都在寻找一种反映职业技术教育与经济发展相适应的最佳模式，既充分体现教育与现代经济发展的内在联系性，又能表达出与具体民族实践的完美结合。探索最佳教育制度是各国高等职业教育的终极目标，为此各国都结合本国实际进行高等职业教育的实践，高等职业教育的发展更多地体现了本民族文化的特色，逐渐形成了各国家不同的高等职业教育模式。

三、对峙与融合：高等职业教育与人文教育的消长

不论在西方还是东方，教育历史亦体现出惊人的一致：学校一经出现便成为统治阶级的工具和培养统治者与官吏的场所，重视古典人文教育，视技术、技艺为雕虫小技，技术、技艺流落于民间，只能通过最原始的教育方式——学徒制得以延续。从这个角度而言，学徒制成为人类农业手工业时代职业教育的历史选择，不仅仅由于社会经济与生产方式使然，另一个关键因素还在于学校的出现与异化，古典人文教育对技艺、技术的排斥。工业革命推动科学技术的发展，科学技术教育在古典人文教育的对抗与排斥下得到发展、兴盛，进而将不那么具有学术性的职业教育分离出来，使高等教育中形成技艺、科学与人文等层次和类型院校的对立，加剧了职业教育与大学教育的割裂。但面对信息社会对人的素质提出了新的需要，人文、科学、技术在教育中逐渐走向融合。

原始教育是一种低水平的生存性技艺教育，生存与技艺协调，与人类生存实践紧密结合，为人类的生存发展服务。但随着人类生产力的发展，劳动剩余产品的出现促使了社会分工、私有制和阶级的产生，教育活动成

为社会分工的产物获得了独立发展，并产生了一种新的教育形式——学校之后，为什么职业教育却反而走向民间，而未能获得相应的发展呢？在人类教育史中，学校作为一种新的教育形式出现是里程碑式的重大创新，它以更专业化的分工、更高效的形式成为传授人类知识文化的专门场所。创办学校本意是要更好地传授生产技术服务社会，但这一高水平教育一出现就被占有资源的少数统治阶级所垄断，发展以古典人文为内容、学术性为特征、培养统治术（做官）为目的的传统封建教育。如此，学校教育未能延续这种与人类生产生活密切相关的、传授生存技艺技术的职业教育，反而走向了与生产劳动相背离的道路。原本应当传授生产技术以加速社会发展的学校背离了为生产服务的轨道而出现了异化，人类社会生产仍沿袭原始教育时代的落后方式，技艺技术教育也未能进入学校教育的殿堂，从而旁落民间，仍以父子相传、师傅带徒弟的最古老的方式进行。

工业革命从本质上改变了生产力与生产的关系，机器大生产需要受过技术教育的生产者，由此产生了以科学技术为内容、应用性为特征、培养生产技能和生产者为目的的现代教育。班级授课制的出现，科学技术的发展，使高等职业教育进入学校教育系统，在与传统古典人文教育的对抗中，逐渐与普通教育、学术教育走向分离。大生产使科技进入学校，但受到了古典人文教育的激烈对抗，尤其是遭到了大学的强烈抵触，于是便以另一种教育——职业技术教育的方式来满足工业化的要求。在此背景下，兴建新型学校成为最具现实性的选择，这是高等职业教育发展初期的主要形式。

在工业化的推动下，特别是随着高科技的发展，两种教育在冲突与融合中走向不同的发展路向。高等职业教育的产生正是在人文与科学的对立下，当科学在取得优势之后，便把高等职业教育作为技艺性教育从科学教育中分离出来，使高等教育中形成技艺、科学与人文等层次和类型院校的对立，从而加剧了职业教育与大学教育的割裂。但这一割裂的过程也是人们重新认识高等教育的过程，坚持服务社会经济、传授现代生产技术的高等职业教育的兴办使人们认识到教育对于人类生产发展的作用，改变了传统教育与社会生产长期脱离的现象，在坚固的传统教育体系中开辟了现代化道路，使现代教育在这一时期得以成长并初具雏形，建立起适应工业化需要的教育体系。在工业化推动下，不论是传统人文教育还是高等职业教育都必须开始正视社会需要，在人文与科学的对立、对抗中逐步走向融合。

从上述对高等职业教育与社会经济互进发展的历史进程的考察中，我们可以得到如下启示：职业技术教育不是另类教育，而是在传统教育不适应现代生产发展的困境中产生的新的教育形式，是现代社会发展所必需的教育类型。因此，职业技术教育应当明确自身的历史重任，不仅要满足社会生产发展的要求，也要担负起改造传统教育的历史使命。在这种融合的态势下，古典人文学术教育不断改造自身，走向应用、服务社会，获得了更高水平的新生；职业技术教育在科技水平日益提高的情况下要吸收人文教育内容，走向高层次的有学术性的应用，以更强有力的方式服务生产。

四、汇聚与分化：高等职业教育发展的路径与源流

高等职业教育是人类社会工业化催生的新的教育类型，作为一个概念，它所指代的是职业技术教育的较高层次，那么在教育发展实践中，它又是如何汇聚并显现出来的呢？它产生与发展的源流究竟是什么？作为初生之物的高等职业教育，也必然是由多种教育力量的汇聚，由各种学校分化而来，同时现有的高职院校也在后来的发展历程中不断地分化与变异。从世界范围看，高等职业教育的发展往往沿着两条途径进行：一是职业教育层次的高移化，二是高等教育专业设置的职业化或技术化。

第四章

高等职业教育供给侧改革

第一节　高等职业教育专业供给侧改革

一、高等职业教育专业及专业供给分析

（一）高等职业教育专业供给

供给与需求是经济学领域的概念。以古典经济学为界限，在古典经济学兴起之前，供给特指财政中的“特许供应”和军事中的“后勤保障”；需求有“效用”“承担”“受托”等意思，且供给与需求两个术语没有明显对应关系。古典经济学兴起之后，供给开始表示一般化的商品或服务供应；而需求开始特指商品或服务的效用，且强调与经济行为人之间的关系。高等职业教育专业的供给主要包括培养的人才、经费、师资队伍、制度等要素，专业的需求主要指学生、院校、社会等多方相关主体的利益诉求。

（二）专业结构

专业结构是指各级各类教育机构中各专业门类间的构成关系，根据研究视角的不同，可将专业结构划分为纵向专业结构、横向专业结构、区域专业结构、课程专业结构。这四类专业结构既是一个较为封闭的系统，也是专业结构的重要组成部分，只有各组成部分处于相互协调的和谐状态，才能保障各个结构的功能得到最大程度的发挥，才能达成科学合理的目标。

纵向专业结构主要是指高等院校根据各层次所处阶段培养目标、社会需求及办学条件的不同，可分为专科层次、本科层次和研究生层次，且三个层次内部的专业结构亦有很大差别。在构建现代国民教育体系的视野下，三个层次必须保持相互联系和依托，低层次专业结构必须为高层次专

业结构提供基础和实践，而高层次专业结构必须为低层次专业结构提供更深入的理论。如现代职业教育体系与普通高等教育专业结构衔接，现代职业教育体系内部应注重中等职业教育专业结构、高等职业教育专业结构、应用型本科专业结构乃至专业硕士专业结构的有机衔接。只有这样，才能营造各层次产业结构相互促进、共同成长的环境。

横向专业结构是指高等院校专业内部的横向组成，主要分为专业大类、专业类、专业三个层次。第一层次是专业大类，主要由大的专业门类组成，如普通高等教育中的理、工、农、医、财经等类别；高等职业教育中的农林牧渔、财经商贸等专业大类。第二层次为专业类，又称为专业学科，该层次主要从专业大类分化而成，如人文社会学科中的社会学、历史学等类别。第三层次为专业，又称为学科小分类，该层次由第二层次细化而成，如房地产专业类中的房地产经营与管理、房地产检测与估价及物业管理等。

区域专业结构是指高等院校由于所在地区发展水平的不同而形成的不同区域专业结构。根据单位区域范围的不同，可将区域专业结构继续细分为全国各个省份、全国各个大中城市、全国各个县区三种不同的分布。各个区域经济水平、科技水平及文化发展程度不一，导致不同区域高等院校的专业结构不尽相同，这样的专业结构能更好地体现区域发展的特色，形成与区域产业结构相适应的专业结构，从而也能够促进专业结构自身的可持续发展。

课程专业结构是指以课程作为专业结构组成的关键要素，凸显了课程作为专业结构组成单元的重要性，规避了人们忽视课程结构单独探讨专业结构的弊病，同时防止了专业结构中专业类别设置过窄、过细的问题。随着产业结构的深刻变革，要求培养的人才必须具有“知识集约型”的特点，能够独立分析、处理复杂的问题。这赋予了高等院校专业课程结构更多的要求，高等院校必须关注基础课、专业基础课、专业课三部分课程结构的建设与发展。

（三）产业结构

产业结构是指国民经济中各产业间构成和相互结合的比例关系。产业结构反映某一个国家及地区各产业间构成的比例关系及其变化趋势。它是一个动态发展的过程，并指向以高效益、高级化为表征的发展目标。产业结构与经济增长之间是互为因果的关系，产业结构不仅是经济发展的原因，也是经济发展的结果；经济发展水平的提高会导致产业结构的转型升级，而产业结构的转型升级也将大力推动经济社会的进一步发展。一个国家或地区的经济均处在一个不尽相同的产业结构中，而相对合理的产业结构是经济社会稳定、和谐、高效发展的必要条件，合理的产业结构都处在一个特定的社会经济条件下，是经济社会发展到一定阶段的产物。

从产业结构是否适应经济社会发展的角度来看，产业结构可以划分为朝阳产业和夕阳产业。朝阳产业是指那些适应经济社会发展且增速较快的产业，如高新科技产业等；夕阳产业是指那些不适应经济社会发展甚至出现萎缩的产业，如传统的农业、低端制造业等。

从各个产业投入的生产要素、主要生产资源的占比来看，产业结构可划分为劳动密集型、资本密集型和技术密集型产业。劳动密集型产业主要是指生产过程中使用大量劳动力、较少依赖技术和设备的产业。它是以生产成本中工人工资和设备折旧、研发支出的比例为衡量标准的。劳动密集型产业通常是指农业、纺织、服装、家具等产业，而伴随着科学技术的进步，很多传统的劳动密集型产业依靠生产技术和资本投入，逐步脱离了劳动密集型产业。资本密集型产业主要是指在单位产品的生产成本中资本成本相对劳动成本的占比较大，且每个生产者所用的固定资本和流动资本较高的产业。资本密集型产业通常包括运输设备制造、电力工业、钢铁业、石油化工等产业，此类产业是衡量一个国家和地区国民经济发展水平和工业化程度的指标。技术密集型产业被很多国家和区域作为经济发展的关键引擎，主要是指在生产过程中技术、智力等要素相比劳动、资本等生产要素依赖较高的产业。技术密集型产业通常包括电子信息和新型光电产业、生物医药产业、航空产业、新能源产业、新材料产业等。目前以电子信息和新型光电产业为代表的技术密集型产业日益成为很多发达国家带动经济增长的主导产业。可以说，技术密集型产业的发展水平决定着一个国家或区域的经济增长的动力与前景。

从劳动对象进行加工的顺序来看，可将国民经济部门中产业结构划分为三个产业：第一产业包括农业、林业、牧业和渔业四个大类；第二产业包括工业和建筑业两个门类和36个大类；第三产业即服务业，也即除第一产业、第二产业以外的其他各业。伴随着生产力的快速发展，一部分劳动密集型产业必将逐渐发展为技术密集型产业，产业结构的整体布局将朝向"三—二——"的趋势发展。

（四）专业结构与产业结构之间的关联性

高职院校作为技术技能型人才培养基地，其专业结构与区域内产业结构存在着相互依存的关系，专业是高校人才培养的载体，产业的发展变化带动社会对专业性人才需求的增长，从而使人才供给与人才需求尽量保持相互平衡。专业结构和产业结构是高等职业教育结构和经济结构的重要组成部分。

产业结构决定高等职业教育的专业结构。随着社会经济的发展、人均国民收入的增加，劳动力会逐步由第一产业向第二产业再向第三产业转移。随着产业结构高级化进程的加快，以往的技术结构和就业结构必然发生改变。在转变过程中，对人才的素质和技能的要求也不断提高，同时也需要多层次的专业结构影响带动产业发展所需要的科技、管理、实践人才，这些层次、素质、技能各不相同的人才大多是由作为高等教育机构主体的高校来培养的。高等职业教育作为培养专门技术、技能型人才的机构，其培养人才的结构、规格、规模等都与产业结构相吻合，这样才能有效地为国民经济各个部门培养和输送数量、质量、结构和层次相当的各类技术、技能人才，从而促进社会经济快速发展。因此，有什么样的产业结构，就应该有与之相适应的学科专业结构。例如，中华人民共和国成立之初，为实现农业现代化，我国先后建立了多所高等农业院校、多所农业大专院校、多所农业中专学校，形成了世界上最大的农业教育系统。但随着产业结构的优化升级，农业在国民经济中的比重逐步下降，这就要求高等教育适时缩减农业类大专院校的比例，及时对以农业为主的科类结构、专业结构和人才培养模式做出调整，及时根据产业结构的变动，构建合理的高等教育学科专业结构，为国民经济各部门的发展输送质量合格，数量及层次、种类相当的劳动力。随着第二产业、第三产业产值比重的逐步提高，第一产业产值比重的逐步下降，我国的高等教育也进行了新一轮的院系调整，大量的农科院校被合并撤销，农科类专业大幅减少。由此可见，高职院校专业结构需要根据产业结构的变化及时进行相应的调整。

专业结构的优化可促进产业结构升级。教育影响经济发展，高等职业教育专业结构直接影响着人才结构，并作用于经济结构。人才保持合理的结构是现代化生产的客观要求。高职院校专业结构制约着人才的种类和岗位类型的形成，专业结构失调会直接影响人才的专业和岗位的对口。产业结构的变化取决于人才的类型和水平，而人才结构的变化和人才素质的提高只能通过发展教育，调整学校专业结构来实现。合理的专业结构可以为适应这些转变提供技术支持和智力保障。

高职院校专业结构与区域产业结构之间是相互制约、相互影响的。教育结构应主动与经济结构相适应，合理的专业结构对产业结构的优化有着巨大的促进作用。人才培养的滞后性要求我们科学预测人才的需求结构，为专业结构调整提供现实依据。教育结构与经济结构作为社会大系统中的子系统，两者之间的适应性是相对的，没有固定不变的模式。人才供给与社会经济发展与人才的需求之间是一种动态的平衡，因此，要积极主动地进行专业结构的改革调整，使之与产业结构的变化相适应。

二、供给侧改革与高等职业教育专业优化调整

（一）供给侧结构性改革对高等职业教育专业结构提出的新要求

从高等职业教育的主管单位来说，供给侧结构性改革对高等职业教育

提出的要求主要体现在政府对高等职业教育的治理层面，包括制度、体制、机制的供给，各专业招生规模的审核、经费的投入及相关权益的分配等要素；从高等职业教育的承办者来说，主要体现在职业院校的人才培养、专业建设、师资队伍等要素；除此之外，还包括行业、企业及社会团体等利益相关方同政府、高职院校之间在人才培养、专业建设、经费供给等方面的协作。高等职业教育专业要素是联系政府、高职院校及行业、企业等高等职业教育相关方的重要纽带。经济产业的变革对高等职业教育最突出的影响体现在专业层面。专业建设作为高等职业教育人才培养的关键环节，直接关系到学生的就业、高职院校的招生及经济社会的发展。在供给侧结构性改革的背景下，我国政府提出了“互联网+”“中国制造 2025”等战略，旨在通过先进的信息技术推动以智能制造为中心的工业现代化发展。这就催生出很多新的行业与职业，需要大量与工业现代化岗位设置相匹配的技术技能型人才，高等职业教育专业结构必须前瞻性地满足经济产业结构转型发展的迫切需要，输出的劳动力资源才能够有效支撑经济社会的发展；反之，则会降低高等职业教育自身发展的动力，并阻碍产业结构的调整和发展。而目前我国高等职业教育突出的问题就是专业结构无法适应传统产业结构转型升级的需要，无法适应战略性新兴产业的发展需要。以上问题从根本上说就是专业结构的旧供给与产业结构的新需求之间的问题。这就要求高等职业教育专业结构作出相应的优化与调整。

1. 要破除“专业”与“产业”的二元分立，使专业结构与产业结构相适应

当前，仍有相当一部分的高职院校不重视专业结构与产业结构的适应性，随意扩张各专业的规模，片面追求专业的大而全，忽视专业建设的内涵式发展。一些高职院校尤其热衷于开设那些规模效应比较明显、专业设置门槛比较低、同质化程度严重的“大众化”专业，导致高职院校专业特色不明显，发展受限，培养的学生也找不到合适的工作，造成结构性失业。

2. 各高职院校在打造适应政策导向、行业所需专业的同时应因地制宜，实施错位发展的战略

因为热门的专业容易形成跟风现象，造成竞争激烈，不利于专业的可持续发展。而立足职业院校所在区域经济社会发展的需求，开设与之匹配的专业，则可避免陷入恶性竞争，能够与当地企业、行业良性互动，群策群力把专业做大做强。

3. 供给侧结构性改革要求高等职业教育专业形成稳定的动态评估与调整机制

对那些符合政策导向、契合产业发展需要的专业做好加法，对那些不契合区域经济发展、同质化严重、专业品牌效应不明显、就业率低、规模效应不明显的专业则应果断淘汰。在供给侧结构性改革的背景下，高等职业教育专业供给应提高质量与效率，注重专业设置的科学性、专业设置与战略性新兴产业的契合度及专业结构面向产业结构的适应性等方面。只有这样，高等职业教育才能够持续健康发展，才能够匹配区域经济社会的发展。

（二）供给侧改革背景下高等职业教育专业结构设置调整应处理的关系

高等职业教育相对普通本科教育而言是一种与市场联系更为紧密的办学类型，如生源、资金、就业等方面均须通过主动参与市场竞争来获得。如果普通本科院校是以学科建设来积聚教育资源的话，那么高职院校就必须凭借专业结构设置和布局来统筹教育资源。高等职业教育专业结构设置必须正确处理好稳定性与灵活性、竞争性与合作性、通用性与特色性、适时性与前瞻性、集群性与分散性、普适性与针对性等关系，才能在市场竞争中谋求更好的生存与发展。

1. 稳定性与灵活性的关系

高等职业教育领域稳定性与灵活性的矛盾主要是指专业设置中社会需求的匹配与教育资源效益间的矛盾。伴随着信息化的日益加深，产业结构

也加快了迭代的脚步，新的行业和职业不断涌现，旧的行业和职业逐渐消亡，高等职业教育专业的设置必须具备相当的灵活性，才能在竞争中建立优势。然而，专业的建设是需要沉淀的事业，“双师型”教师的知识、技能及其所承载的教学体系在短时间内是很难改变的。同时，新旧专业的迭代亦会造成新旧设备的升级换代，造成极大的经济损失。从此角度来讲，高等职业教育的专业设置又要兼顾稳定性。面对稳定性与灵活性的矛盾应以适应性为宗旨，坚持“变中求稳”的战略。第一，注重对产业、行业的趋势分析和预测。当一个产业处于发展阶段，那么人才需求必然有一个长期增长的过程。第二，加强专业结构体系的自我提升。科学技术的革命导致产业的深度迭代，从而对高等职业教育供给的人才提出新的要求，针对这种层次上的要求，对原有专业的知识和能力进行适应性更新即可。第三，加强专业研发体系建设。基于产业领域产品研发的规律，高等职业教育专业的建设与发展也应构建“招生专业、试招专业、研发专业”的梯次，以应对不断更新的人才需求。

2. 竞争性与合作性的关系

竞争性与合作性的关系主要是指承办高等职业教育的教育机构间的竞争合作关系。目前，开办高职专业的院校主要有普通本科院校和独立设置的高职院校两类，优胜劣汰的自然法则决定着这两类院校的关系。积极的影响主要体现在以下两个方面：第一，促使专业结构与社会需求良性互动。院校必须紧跟市场需求，注重专业设置的灵活性与实用性，才能保证专业的生存与发展。第二，提升专业设置的质量。院校必须注重专业建设的质量、特色，促进专业资源的合理流动和有效使用，才能提升专业设置的总体质量。消极的影响主要体现在以下三个方面：第一，院校间的无序竞争导致专业供给与需求脱节。各院校为了提高专业吸引力，一味地增设热门专业，不顾自身条件与社会实际，导致专业设置大而全，造成毕业生结构性失业。第二，院校间的恶性竞争导致专业设置质量降低。大而全的专业设置不利于特色专业和骨干专业的成长，亦会使办学条件薄弱的院校从师资、投入、教材、教法等方面压缩成本，严重影响专业质量。第三，导致恶性竞争的专业设置机制。在专业设置信息不对称的今天，院校间为争夺生源，必定会将大笔资金投入外在的宣传及固定设备上面，忽略专业的内涵式成长。

3. 通用性与特色性的关系

目前，开设高职专业的院校不同程度存在着专业设置同质化程度过高的问题，缺乏调研的跟风造成热门专业遍地开花、特色专业踪迹难寻的窘境。怎样去考量某一院校究竟开设多少通用性专业与特色性专业呢？一般来说，通用性专业的设置应主要面向院校所在地那些需求量大，且比较稳定的行业，以谋求通用性的专业结构与区域产业结构的协同。而特色专业则应谋求省域乃至国外更大的市场。在当前特色专业普遍缺乏的境遇下，省级主管部门应基于区域产业的特点，侧重特色专业的建设，从而促进区域高等职业教育从规模的扩张转向质量、内涵提升。

4. 适时性与前瞻性的关系

专业设置的适时性与前瞻性的提出主要是基于人才培养、专业设置及产业结构升级的三个周期关系。人才的培养一般需要三年左右，而专业的申报、审批到设置需要两年左右，因此，专业的设置与产业结构间存在五年左右的时间差。为了使培养的人才能适应经济社会的发展，专业结构的设置必须具备前瞻性的战略眼光。然而，如果前瞻性的预测和实际情况的发展有偏差则会造成毕业生就业难。目前，可操作性的方法有按照职业岗位群来设置专业、按大类招生等方式来规避前瞻性的预测中带来的偏差。

5. 集群性与分散性的关系

高等职业教育中集群性与分散性的关系主要是处理好专业的建设与学生成长之间的关系。专业集群化是反映专业结构间内在联系的范畴。它以服务产业（链）为目标，根据产业（链）对人才需求的结构性分析，明晰专业（群）的体系。专业的集群性能够提高生产要素与资源配置的效率、为企业提供全方位的人才梯队、为产学研奠定基础、提高院校的专业品牌知名度及学生的竞争优势。然而，专业的集群性可能会因产业的衰退而导致院校的“转产”，且从专业结构设置的增量上来说，其发展的空间是有极限的。针对专业的集群性与分散性的矛盾，可以通过集群性下的分散性来解决，即专业集群的多元和分散，亦可理解为把一个集群分散为多个集群。

6. 普适性与针对性的关系

普适性与针对性的关系主要是指高等职业教育专业设置要处理好口径的宽窄，宽口径有以下三方面优势：第一，能够充分利用教学设备、师资等教学资源，从而降低教学成本；第二，使用相近或相同教学文件的相关专业教师队伍基数大，有利于专业及专业群的建设，亦能提高教学质量和教师的科研水平；第三，专业设置的宽口径能够开阔学生的专业视野，提高就业率和转岗的适应性。然而，宽口径的专业设置存在专业知识不够深入、针对性不强等问题。专业的宽窄应取决于岗位的需求，对于那些社会需求量大的岗位，设置窄口径比较适合；而对于那些不太稳定的职业岗位，设置宽口径更为适宜。

三、高等职业教育专业供给侧改革路径

高等职业教育的供给侧改革应面向市场需求，把专业建设和结构优化作为提高人才供给质量的抓手和着力点，通过扩大高等职业教育的有效供给，激活社会总需求，促进市场需求和人才供给的良性互动。一方面，要改变以往需求端对专业建设带来的弊端，实现需求端的转型；另一方面，要提高专业动态建设的供给质量，增强专业动态机制建设的质量、效益与创新性。二者相互联动，保证供给的有效性、精准性与创新性。

（一）以观念创新为先导，认清供给侧改革的重要意义

高等职业教育的供给侧改革，必须以观念创新来驱动。只有创新观念，才能敢想敢做、敢试敢闯。观念创新是推动高等职业教育整体创新的

先导。具体而言，在当前供给侧改革持续深入的背景下，高等职业教育必须在供给侧改革中发挥其应有的功能，做到不缺位、不错位。推进高等职业教育供给侧改革的前提在于使广大职业院校具备供给侧改革的思维方式，着力从供给端思考，树立供给侧结构性改革的理念意识。

1. 高职院校要培养供给意识

高等职业教育要改进教育供给端的质量，提高教育供给端的创新性，使其更贴近学生的需求，做到既符合学生的个性特点，又面向未来社会需求。在专业设置和调整过程中，不仅要立足眼前的行业企业市场需求，更要深入研究劳动力市场的发展方向及走势，作出科学预测和战略研判，并以此为基础，改进学生培育方式、课程设置、考试评价、就业指导等环节。同时，要尊重学生爱好，关注学生的实际获得，通过有效、精准、创新的供给，办人民满意的高等职业教育。

2. 高职院校要培养环境意识

在专业调整优化的进程中，高职院校要积极改善和优化自身发展环境。作为与市场最为接近的教育类型，职业院校要积极推动政府减少行政干预，加强“制度供给”，确保自身办学主体地位；探索企业和学校深度共建专业，通过双方合作投入、学费分成、专利共享、风险共担等方式，构建利益分享机制。

3. 高职院校要培养行动意识

国家出台的一系列政策文件，如《中国制造 2025》《制造业人才发展规划指南》等，更进一步要求各高职院校要把政策文件精神转化为高等职业教育供给侧改革的行动，切实将其融入“双创”和“中国制造 2025”的实践中，加快培育大批具有专业技能和工匠精神的高素质劳动者，确保人才的有效供给。

（二）明确专业动态建设的思路，保证专业建设方向的精准化

理念是实践的先导，要提升专业动态建设的精准化程度，必须树立为促进学生的可持续发展、为区域经济发展以及所面向的行业企业提供优质

服务的根本理念。教育供给侧改革指引我们在这一理念的指导下，合理优化配置校内的各种硬、软件资源，满足需求端的质量。目标是理念的升华与实践的走向。加强专业动态建设的最终目标是要满足学生、学校、行业企业可持续发展的需要。专业动态建设的核心是要具备可持续改进与优化的功能，要使政、校、企相关部门的顶层设计、专业建设团队的人员构成以及知识更新、建设场所等其他条件都具备这一功能，以动态供给保证专业机制建设，进行渐进式调整。专业建设必须引进评价机制，评价主体除了与此紧密相关的政府、行业企业、学校外，还应积极引入有资质的社会第三方评价机制，以提升专业建设的科学性与可操作性。

高等职业教育的内外部环境发生巨大的变化，高职专业建设与调整工作也应当与时俱进，主动做好四大转变。一是树立面向市场经济办学的思想。市场需求是高职专业设置的基础，应当根据市场需求变化进行专业调整。二是树立“质”“量”均衡发展的思想。既要重视高职专业数量的增加，也要重视高职专业质量、特色、效益和结构的协调发展。三是树立实事求是的思想。要根据实际办学条件设置高职专业，切勿盲目设置专业，贪多求全。四是树立主动竞争的思想。高职专业应当积极应对各种挑战与竞争，在挑战中求进步，在竞争中求发展。

（三）以产业升级为驱动，促进学科专业调整与产业发展同步

针对劳动力市场上的传统人才过剩、新型技术人才供给不足的结构性困局，高等职业教育应主动适应国家产业转型升级的趋势，增强服务发展支撑力，以产业升级为驱动，促进学科专业调整与产业发展同步。

1. 要削减低端无效供给，取消部分不良专业，化解供给过剩、供给老化的难题

高职院校要有“壮士断腕”的决心和勇气，压缩、淘汰设置布点多、同质化问题突出、招生困难、就业形势严峻的“问题”专业，直接暂停或取消人才培养与产业发展需求脱节的劣势专业，保障学生、家长及相关利益者的权利。

2. 要培育与新产业、新工种、新职业相吻合的新专业

高职院校要因地制宜、因时制宜，主动融入地方经济社会发展，以地方发展定位为需求导向，加强对国家战略新兴产业发展、传统产业改造升级、社会建设和公共服务领域改善民生急需的专业建设。高职院校应积极发展和创造条件增加与新一代信息技术、智能制造装备、生物医药、环保节能、新材料新能源、航空产业等战略性新兴产业相适应的新专业，把新型技术人才培养放在专业供给侧改革的重要位置。

3. 要加强优质供给，重点建设优势专业，彰显专业特色

特色专业往往与行业密切相关，如陶瓷、光伏、纺织、家具、家电等。高职院校要强化校企合作，引入行业企业参与指导专业建设，将企业生产过程中的数字化智能化技术应用、自动化生产线改造等内容融入教学过程，改革实践实训教学环节和课程，优化学生的知识、能力、素质结构，连接人才供给链与经济产业链。此外，还要依托物联网、大数据、传感器、智能控制系统等技术，研究发展智能终端、可穿戴设备、服务机器人、智能家电、智能家居等智能产品，实现教学与产业结合，课程设置与产业需求对接。

（四）以体制创新为支撑，精准对接行业企业人才需求

通过机制创新，产生供给侧改革的新动力，努力满足行业企业、学生、家长等不同群体的多样性需求，提高高等职业教育的供给效率。

1. 改变政府对高等职业教育专业管理的方式

目前我国的高职院校专业调整更多的是一种以教育主管部门为主导的“目录式管理”。学校在专业的设置与调整方面话语权较弱，更多地受限于行政权力。实际上，由于高职院校招生竞争激烈，部分实力突出、有知名度和影响力的专业在竞争中处于明显的主动地位，高职院校有能力调整优化专业。我国教育行政部门有必要借鉴一些发达国家的专业调整模式，改革高等教育管理制度，放开对专业动态调整的直接行政干预。允许条件成熟的院校在一定领域内试点自主设置专业，特别是在沿海经济发达地区，

产业发展更快，技术更新周期更短，跨界产业、新兴产业及其相关的交叉产业不断涌现，这就要求高校对市场必须快速反应。

2. 强化高职院校主体意识

高职院校应是优化专业结构的主要推动力量，但在目前的专业管理体制下，大部分高职院校都是根据教育主管部门的行政指令来执行，对专业结构优化调整的主动性和主体意识有待加强。从高职院校自身来看，专业调整需要师资、实训仪器设备、场所等的保障，其中，师资的培养、实训场地、教学条件的建设不是一蹴而就的，需要巨大的经济投入和准确的规划方能实现。因此，在进行专业设置、调整、优化时，必须广泛开展专业调研，分析本区域相同或相近专业的布点情况，找准专业主要服务面向，以建立专业课程管理为核心的专业体制，提升课程开发能力，对不同生源实行不同的人才培养方案，做到因材施教。各高职院校的每个专业都应突出自身特色，打造亮点，把“以专业为中心建设课程”转变为“以课程为中心组合专业”，加强专业结构调整优化的自发性和自主性。

3. 重视社会力量的作用

在高等职业教育专业管理中，仅靠政府和高职院校的努力是不够的。专业建设与管理是一项长期而复杂的系统工程，必须调动市场及其他社会组织的力量，形成一股合力。如果社会力量缺位，势必导致政府、高职院校、行业企业、社会中介组织、家长、学生之间的信息不对称。因此，社会力量在高等职业教育的专业优化调整中，应发挥其应有的作用。

一方面，行业企业应主动将其制定的产业发展规划公开给高职院校，帮助学校从产业发展的角度改进各类教学仪器、实训设备、课程安排和教学内容，使培养目标与用人标准吻合、教学情境与职场环境贴近、考试内容与工作中的实际操作规范对接，提升学校的课程开发能力。在订单培养、项目式教学等校企合作方面，应在合同中规定双方拥有的权利及履行的义务，同时全方位参与监管，以避免企业利益受损。另一方面，社会中介组织应承担其信息发布的重要作用。信息发布的对象除了政府、高职院校外，还应覆盖社会大众、新闻媒体，尤其是学生、家长群体，使学生和家长能了解高职院校的专业建设现状，作出专业选择的正确决策，并帮助不同类型的群体及时、方便、准确地获得有效信息。

（五）建立多元化的供给侧，促进专业动态机制建设的生态发展

专业动态机制建设，最核心的一方面就是要提高供给端的质量、效率和创新性，保证其有效与精准供给；另一方面是要丰富专业建设动态机制的结构，突破原有的专业建设的弊端。专业动态机制建设供给侧的多元化有利于避免一味践行官方指令的弊端，良好的专业建设生态才能真正满足学校、学生、教师的可持续发展。

1. 制度供给上要充分发挥政校企协同作用，做好专业动态机制建设的顶层设计

一直以来，高职院校的专业动态调整鲜有成文的内容，如果职业院校涉及专业的调整、修订、新增或是取消，一般是基于国家专业目录的调整，或者是基于人事部门出台的相应资格证书的调整，或者是因为学校生源发展的需要等，很少有专业动态机制调整的专门制度性规定。为区域经济发展、行业企业发展提供人才服务的职业教育，迫切需要充分整合政府、学校、行业企业的资源，尽快出台适合学校发展的专业建设条例，明确专业动态调整机制在这一条例中的重要性及指导性，包括成员的构成，专业动态调整的内容、周期、注意事项、考核与评估办法等一些基本内容，以便为不同专业的动态调整机制建设提供参考与指导。要充分发挥政校企各方的协同功能，从制度层面保证专业动态机制的建设在实际操作过程中有章可循、有据可依。

2. 队伍供给上要打造专业建设人才智库，做好专业动态机制建设的“终端匹配”

专业动态调整机制的建设涉及新专业的设置、旧专业的修订，甚至是取消，这一过程必然会影响专业重点的变化，它是一项对知识与专业能力水平要求很高的工程，对专业建设团队具有一定的挑战性。

要科学合理地做好专业动态机制建设，一方面，要求专业建设团队本身乐于学习，及时更新自身的知识与技能水平，这就要求师资队伍的知识、技能的更新必须具备超前意识，提前预测自身专业所面向行业可能出现的新技术变革对人才需求带来的影响。另一方面，高职院校可打造专业建设人才智库，完善相应的激励机制建设，不断吸纳相应专业急需的高层次专业领军人才和教学骨干，积极支持教师参与行业企业急需的应用课题研究和技术研发，同时充分吸纳行业协会、专业学会的相关人员进入专业智库，优化智库的人才队伍结构，力争通过智库建设提高专业动态机制的建设水平，做好专业建设的“终端匹配”，提升人才“供给”的质量。

3. 社会资本供给上要充分发挥校友与其他社会力量的作用

校友与其他社会力量都是提升学校知名度与影响力的一笔重要财富，因此，在专业动态机制建设过程中要充分发挥这一主体的媒介传播作用。一方面，需要校友和其他社会力量将他们所处行业对应的专业所需的最新发展信息及时地传播给学校的专业建设团队，以便在专业动态机制调整过程中及时更新相关信息；另一方面，需要这一主体将学校的专业建设情况及时传播，以提升学校专业动态机制的社会检验程度与认可程度，学校应充分利用这一机会及时做好对外宣传工作，提升学校的美誉度与知名度。

（六）塑造专业动态机制建设精神，使其成为学校战略发展的一种常态

大学发展的关键在于大师，而成为大师的关键就在于内化于心的追求与信念，因此，对于高职院校中的专业动态机制建设而言，除了要有充分的师资队伍供给外，还需要有推动这一队伍发展的精神氛围。专业动态机制建设精神是对专业建设工作有高度一致而且较为平稳的认同感、责任感、奉献意识以及积极专业意识的价值追求，是对专业建设行为所秉承的自觉、连贯、发展的行为。学校可从战略的层面明确专业动态机制建设精神塑造的重要地位，并为这一精神塑造创造良好的环境，提供有力的支持；对专业建设团队来说，需要团队成员不断优化自身的专业意识与发展

内涵，具有充分的活力。

（七）严格开展专业审批论证与专业评估，形成退出与激励机制

依法治校，科学管理应成为高等职业教育发展的客观要求。政府应该完善制度建设，依靠制度规范高职院校专业的管理工作。首先，专业审批制度要明确体现实质审查的内容，要对高校申报新专业的实际办学条件与资源进行实地核查。同时，要对存在虚构和夸大新专业办学资源行为的高校进行惩处，规范高校诚信办学。其次，对新专业设置应该坚持严格的审批标准，把好准入关。原则上行业创办的高职院校，其专业设置应基本围绕行业性质来建设。地、市举办的高职院校，允许设置该地、市社会经济发展需要的大类专业，但跨类不宜过大。政府要严格实施专业准入与调整，规避高等学校出现专业跨类过大、分布过散的问题。当前有些高职院校依靠主观喜好设置专业，脱离实际需求。它产生的明显后果就是人才的结构性过剩和结构性匮乏。市场需求是设置专业的前提。高职院校应该组织专门力量做好社会调查研究工作，为高职专业的科学设置奠定基础。为此，高职院校更应该依靠校内专家与企业或行业的专家参与专业设置和建设，认真分析市场需求的各种信号，去伪存真，去粗取精，掌握真正需求。高职院校要用好办学自主权，要依靠法律赋予的自主权，处理好新旧专业、专业设置与建设等一系列关系。对于拟申报的新专业，要认真分析其产业面向、市场需求和办学成本，明晰利弊，综合判断，科学决策。对于已批准设立的新专业，要及时投入资源，配套措施，为新专业的建设创造良好环境。对于原有专业，要根据市场变动和技术进步，及时调整专业定位、人才培养计划、课程内容与教学方法。高职院校要建立健全社会参与机制，完善利益分配机制，充分调动社会资源，吸引行业企业的专业人才参与高职院校专业建设，推进高职院校专业的建设和发展。

高等教育内外部必须以平等竞争为手段，实行优胜劣汰，把资源配置到教育质量高的高校和学科中心，更好地为社会培养一流的人才，创办一流的大学。政府要完善高职专业退出机制与激励机制。对于办学效益较差

的高职专业，应及时减少招生计划，并进行整改和调整。对于整改调整以后仍然达不到专业基本质量标准的，要强制取消该专业。对于办学效益高的专业，政府可以采取专项奖励资助、增加招生计划等方法鼓励发展。只有建立公平合理的竞争秩序，凸显优胜劣汰，才能使高等学校充分调动办学的积极性与主动性，不断提高专业质量与效益。

（八）坚持办学特色与办学规律，打造专业核心竞争力

办学特色必须从学校内涵上生发出来，外在因素不能代替学校确定特色。特色也不是主观想象出来的，如果没有历史的积淀、相宜的客观环境、主体自身的条件和实力，只是领导说要立这个特色，结果等于望风捕影。高等学校要根据历史积淀、客观环境和主体自身条件来提炼专业特色。高职专业特色明显，就容易获得更多的社会资源投入，实现做强做大的目的。相反，如果高职专业数量众多，但是专业特色不突出，办学水平一般，那么，高校也难以在激烈的竞争中取胜。高校是以学科与专业作为特色来打造核心竞争力的，而非依靠专业数量众多来取得竞争优势。首先，高职院校须结合行业和地方条件来定位高职专业的服务方向以打造和发展专业特色，提高专业人才的竞争力。其次，高职院校可以在专业人才培养模式、课堂教学等方面打造专业特色。最后，高职院校可以在课外教育、实践教学方面打造专业特色。总之，专业特色贯穿专业设置与建设的全过程，高职院校应结合区域与行业等实际情况来提炼与发展专业特色。

大学的办学活动应当遵循经济和学术制约的两大规律。前者不仅反映大学与经济社会互为需要、互为促进的关系，也包括大学内部经济管理运行的内在要求，而后者包括人才培养和科学研究的运行规律问题。在地方政府层面，要宏观调控地方高职专业结构与经济社会发展结构相适应。对于增速过快的专业，要及时控制专业数量，并均衡专业的地区分布。对于社会需求旺盛的专业，要逐步扩大专业数量，加快增长速度。对于办学投入大，难以在短时间内给学校带来高效益回报的农、林、牧类专业，政府要加大资助力度，鼓励高校办好此类专业。在学校层面，高职院校要科学

经营自身的发展。高等教育是一个昂贵的事业。随着高校的发展，资源投入越来越多。鉴于大学内部经济管理运行的内在要求，高校要注重投入与产出的平衡，力求小投入、高产出，提高办学的质量与效益。其中，建立高职专业群就是具有较高经济效益的方法。所谓专业群，就是由一个或多个办学实力强、就业率高的重点建设专业作为核心专业，若干个工程对象相同、技术领域相近或专业学科基础相近的相关专业组成的一个集合。建立若干专业群，可以解决专业分散的问题，降低专业建设的成本，提高专业的供给效益，提升高职院校的人才培养质量。

第二节 基于有效性的高职教学供给侧改革

一、高职有效教学的特征及影响因素

（一）关于有效教学的相关研究

1. 有效教学的概念研究

目前，学术界对有效教学概念的界定主要有以下几种视角：第一种是从经济学的角度来界定有效教学，概括为有效果、有效率、有效益。有效教学是指教师为实现既定的教学目标，遵循教学规律，以最少的时间、精力和物力，取得最好的教学效果而组织实施的活动。第二种是从“有效”和“教学”两个概念出发来界定有效教学，认为有效教学是为了提高教师的工作效益、强化过程评价和目标管理的一种现代教学理念。它的核心是关注学生的进步和发展，关注教学效益。这种观点明确指出不能把教学效益简单等同于生产效益，教学效益不取决于教了多少内容，而取决于单位时间内对学生的学习结果与学习过程综合考虑的结果。第三种是从结构角

度来界定有效教学。这种观点指出表层上的有效教学是一种教学形态，中层上的有效教学是一种教学思维，深层上的有效教学是一种教学理想。有效教学就是把有效的“理想”转化成有效的“思维”，再转化为有效的“形态”。第四种是从全面综合的角度来界定有效教学，认为有效教学是指教师在教学活动中遵循教学活动规律，以尽可能少的教学投入，取得最优的教学效益和最高的效率，促进学生在知识与技能、过程与方法、情感态度与价值观“三维目标”上获得进步和发展，从而有效实现预期的教学目标，满足社会和个人的教育价值需求而组织实施的教学活动。第五种是从动静态结合角度来界定有效教学，认为有效教学是指教师在具体教学过程中根据课前预设的教学方案而实施的兼顾预设教学目标的实现和教学动态而有效生成的教学活动。它重视教学情境和教学过程，追求教学效果，重视教学经验的反思。第六种界定比较宽泛，是以学生发展为取向来界定有效教学，认为凡是能够有效促进学生发展、帮助实现预期教学结果的教学活动都是有效教学。综观以上几种对有效教学概念的界定，虽然角度不同，但我们仍然可以发现学者们对有效教学概念的界定是有共同之处的，即有效教学以促进学生的进步和发展为根本目的。

2. 有效教学的特征研究

虽然当前学术界关于有效教学的特征研究不多，但相关研究给高职有效教学的特征研究提供了基本的理论支持。例如，有的学者研究后认为，教师热爱教学工作、教师知识渊博、教师讲授清晰、学生主动学习、积极的课堂氛围是有效教学的最基本特征。有的学者深入探究后认为，正确的目标、科学的组织、清楚明了、充满热情、促进学生学习、以融洽的师生关系为基础、高效利用时间、激励学生是有效教学的独特标志，也是有效教学与低效、无效教学的主要区别。有的文献资料提炼出的有效教学的基本特征是，以学生发展为本的教学目标、预设与生成辩证统一、教学有效知识量高、教学生态和谐平衡、以学生发展为取向。每个有效教学的教师都有着不同的教学特点，对教学的感知也不一样，这就导致了有效教学形式的多样化。同时，这也启示广大高职教师有效教学可以是个性化、富有个人特色的，教学途径也是多样的。

3. 有效教学的影响因素研究

有效教学的影响因素很多，通常不是单一因素而是多种因素共同影响了课堂教学水平。教学过程中的所有因素，如教学环境、教师、学生、教学内容等，都会影响教学效果。目前，国内关于有效教学的影响因素研究主要是从这几个方面来入手的。有的学者从教学环境来分析有效教学的影响因素，认为教师工作绩效考核方式、教学情感和智力环境会影响教师的有效教学；学校对有效教学的重视程度、激励有效教学的制度、学校的教学管理、教学投入等都会影响教师的有效教学。有的学者从教师的角度来研究有效教学的影响因素；有的文献资料提出教师自我认知偏差会影响教学决策，进而阻碍有效教学。有的学者在总结国内外影响有效教学的关键因素实证研究的基础上，指出影响教学效果的因素不仅有教师的教学水平，还有组织管理水平。有的学者提出教师的教学管理能力和教学监控能力会影响有效教学。有的学者从教学内容入手分析有效教学的影响因素，认为教学内容的价值、教学知识量、教学内容的呈现方法会影响教师的有效教学。还有的学者以学生为对象来研究有效教学的影响因素，认为学生的学习能力、学习动机、学时量和课外学习都会影响教师的有效教学。

（二）高职有效教学的特征及影响因素

1. 高职有效教学的特征

（1）教学目标突出职业性、重视人文性

高职课堂有效教学的教学目标是职业性与人文性并重的，学生处于最佳投入状态，教学生态和谐平衡，课堂管理科学有序。高等职业教育具体的培养目标具有多样性，几乎覆盖社会的各行各业，但就其培养的人才类型而言，主要是技术技能型人才。高等职业教育的教学目标是要为社会培养服务生产、建设、服务第一线的技术技能型人才，是为学生从事某一职业而提供的职业准备教育，其目标是提升学生的职业能力，促进学生的职业化。培养技术技能型人才不仅需要使学生具有相应职业领域的能力，这种职业能力不是操作技能，也不等同于心理学上的能力概念，而是职业能力和其他相关能力的综合，包括知识、技能、经验、态度等完成职业任务、胜任岗位所需要的全面素质；还需要使学生具有对职业岗位变动的良好适应性和可持续学习的基础。所以，高职教师要根据课程与学生的特点，科学设定学生在课程学习上的专业发展和终身发展所应达到的目标，要把人文素养培养融入专业课教学中。同时，由于终身发展的含义丰富，不同的教师在教学中会有不同的设计安排和侧重，因此，高职有效课堂的教学效果在这个意义上存在不可比性，提升学生的综合素养永远是课堂教学的不懈追求。

（2）以学生职业发展为取向，实施教学行为

学生的全面发展和进步应该是判断教学以及教学行为有效性的根本标准。教学目标是人们对学生发展质量和规格的表述，所以对教学行为有效性的判断应依据教学目标，凡是有助于完成教学目标的教学行为都是有效的教学行为。因此，高职教师的教学行为必然是以学生的职业发展为教学的行为取向。在现在的高职教学中，相当一部分教师还是按照普通本科的教学模式进行课堂教学，在课堂上沿袭了传统的“我说你听”的教学模式，教师在教学中仅以知识掌握为落脚点，不顾学生在课堂中的实际表现和存在的问题，按照预设的过程、问题、细节，引领学生机械、被动地“完成”教学任务。但高职课堂教学的重点在于除了让学生掌握必备的理论知识外，更重要的是要培养学生的动手、主动参与等能力。变“牵着学生走”的教学行为为“跟着学生走”的教学行为，是高职课堂教学改革对教师教学行为提出的基本要求；也是学生系统掌握知识、高效学习的过程。

（3）和谐平衡的课堂教学生态

高职学生的学习基础相对薄弱但实践性强的高职教学实际，决定了高职教学要想达到显著的效果，必须构建并实施和谐平衡的课堂教学生态，

只有这样才能高效、优质地实现高职学生全面进步和发展的目标。和谐平衡的课堂教学生态主要表现在如下几个方面。首先是和谐平衡的教学方式结构，有效教学的教学方式结构常常表现为各种教学方式的和谐、平衡的动态运用，而不是把各种教学方式割裂开来。其次是和谐平衡的教学思维结构，表现为教学思维清晰、结构合理、辩证全面；改变教学思维方式单一片面的现象，是提高教学有效性的重要途径，教学生态和谐平衡也是有效教学的基本特征。再次是和谐平衡的教和学。有效教学既有赖于教师的优教，又有赖于学生的优学，两者和谐平衡才能提高教学的有效性。高职教学的实践性和应用性需要教师教学过程与学生学习过程的和谐平衡；更要求教师专业技能成长与学生发展的和谐平衡；还要求教师要大胆探索教学互促的教学思路，通过理论学习和实践反思不断提升专业水平。最后是和谐平衡的课堂环境。课堂环境和谐平衡就是指课堂的物理和心理环境能增进学生良好的情感体验，使师生处于一种相互尊重、友好合作、充满人性关怀和具有较高心理安全感、舒适感、归属感的氛围中。高职学生相对薄弱的学习基础、学生情感与态度体验是影响课堂有效教学的重要因素。

（4）教学内容理实高度融合

技术技能型人才智能结构的总体特征是理论知识与实践技术紧密结合。理论技术与知识并不排斥实践经验技术，而是多以经验技术为基础，同时，理论技术的应用还会伴随新的经验因素出现。因而高等职业教育的教学内容必须十分重视理论知识与实践技术的结合，高职教学的实验、实习与实训等实践教学环节比重较大，在课堂教学中，教师应该着重考虑理论技术的操作教学，不能只空洞地讲解理论知识，还要适当地介绍应用型的知识技能，强化学生的操作动机和实践兴趣，使学生较快地适应以后的工作岗位和就业环境，接受社会和用人单位的考验。

（5）学生处于主动投入的学习状态

教学中注重发展、全体参与、交往互动、开放生成是高职有效教学的重要特征。课堂中学生的投入状态指学生自觉学习的程度，它主要包括学生主动学习的动机与实际参与学习的程度。受建构主义学习理论的影响，研究者普遍将是否引发了学生主动的学习行为以及学生学习的实效作为评价教学有效性的重要指标。与本科院校的学生相比，高职学生的学习自觉性、理论知识学习能力比较欠缺，但动手和操作能力往往比较强。高职院校的教师应热爱教学工作、关注学生学习情况，要通过组织引导学生参与讨论、演讲、参与小组活动等形式使其主动投入学习；通过学生互评，学科知识的整合，运用分析、比较、归类等技巧创造性地启迪学生思维，营造积极的课堂氛围，有效激发并保护高职学生主动学习的动机和探究进取的愿望。

2. 高职有效教学的影响因素

首先，从高职教师层面来看，影响高职有效教学的因素主要是教师对学生的期望、教学态度、教学理念、教学理论与科研水平、思想道德水平、教学能力、教学方法、课堂管理水平、教学热情、自我效能感、课堂即时评价、教学方法等。高职教师的教学观念、教学反思以及教师的课堂管理能力、教师对教材的把握、教师的教学方法、教师的亲和力等也会影响高职有效教学。其次，从学生层面来看，影响高职有效教学的因素主要是学生的学习主动性与积极性、学习态度与学习认可度、学习兴趣与爱好、学习基础与学习能力、学习策略与学习方法等。高职学生生源多元、基础薄弱、学习动机较弱也会影响高职有效教学。再次，高职院校的实验实训条件、课堂纪律与学习氛围、教学评价机制等教学环境会影响高职的有效教学。最后，教学内容的实用性、层次性、针对性与阶段性等会直接影响高职课堂的有效教学。

二、高职教学有效供给的缘由

（一）相关概念界定

1. 课堂教学

虽然各类学校的广大师生每天都会处在课堂教学之中，但是他们对于课堂教学的确切含义却还没有统一的定义，相关研究人员从不同的理解角度对课堂教学提出了不同的观点和看法，常见的有课堂教学的传统观、课堂教学的社会观、课堂教学的信息观等，分别从课堂教学的时空物理属性、社会学属性、信息传输与交换属性等不同方面对课堂教学进行了阐述和解释。根据高职院校的培养目标和教学内容，可以将高职院校的课堂教学理解为：为了达到预定的教学目标，在确定的时间和空间范围内，通过教师和学生的共同参与，使学生实现知识、技能掌握和职业能力养成的一种教学形式；是教师有目的、有计划地组织学生实现有效学习的活动过程，是由教师的教与学生的学共同构成的一种双边性教育活动。可见，课堂教学的目的不仅在于具体专业知识和技能的传授，还在于学生职业能力的养成。

2. 有效

所谓“有效”是指一件物品或一项活动具有预期所要达到的积极的或肯定的结果的程度。有人认为教学活动无所谓“无效”，只要教学事件发生，就有效，只不过有时候教学的“效”不是积极的、肯定的，而是消极的、否定的。现实中存在的“反教学”或“误教学”现象就是“负效”的，比无效更有害。

3. 有效教学

关于有效教学的概念，目前学术界尚未形成统一的看法，纵观国内学者的观点，可将有效教学界定为：教师有效的教和学生有效的学相统一的教学活动。教师有效的教与学生有效的学互为前提，两者相互促进。它包含以下两点：第一，教师既要达到预期的教学目标，又要尽可能地促进每一个学生的发展与进步，在完成教学目标和促进学生发展之间，应有一个平衡；第二，有效教学应符合学生个人需求及社会需求。教学的最终目的是培养人，个体要有满足自我提升的个人需求以及社会对人才培养的需求。如果教学无法满足学生的个人需求或社会需求，都不能称其为有效教学。

4. 高职院校有效教学

高职院校有效教学是指一种高职教师有效的教和高职学生有效的学相统一的课堂教学活动，它包含以下几个方面：第一，高职教师既要达到预期的教学目标，又要尽可能地促进每位高职学生的发展与进步。在课堂教学中，教师在开展各种教学活动的同时，应尽可能地促进每个学生的发展。由于高职生源的多元化，每位学生的起点能力不同，教师在兼顾因材施教的同时，也要完成相应的教学目标。第二，高职有效教学应符合学生的个人需求和社会需求。与普通高等教育相比，高职院校的人才培养目标与社会需求贴合更加紧密，但与此同时要关注高职学生多样化的个人需求。第三，高职院校课程主要包括文化课程、专业理论课程以及专业实践（实训）课程，高职教学主要包括文化课、专业课、实践实训课等课程的教学。

（二）增强高职教学供给有效性的缘由

1. 现代职业教育内涵式发展的需要

现代职业教育内涵建设的关键在于课堂教学质量的提升，因为课堂教学是一个国家职业教育水平成熟的标志，只有职业教育的课堂教学真正达到相当的质量水平，才可以说一个国家的职业教育具备了现代化特征。高等职业教育作为我国职业教育体系中的高层次教育，其课堂教学的质量尤其值得重视和关注。2006 年，教育部颁布的《关于全面提高高等职业教育教学质量的若干意见》指出，全面提高教学质量是实施科教兴国的必然要求，也是高等职业教育自身发展的客观要求。近年来，高职院校的人才培养质量备受质疑，其原因就在于高职院校对自身发展的探索大多停留在办学规模、硬件投入、实训基地建设等宏观层面上，未能真正触及人才培养的核心，即课堂教学。人才培养是高职院校的根本任务，提高教学质量是高职院校的永恒主题，因此注重教学的有效性就成了高职院校提高教学质量的必然要求。以质量为核心的现代职业教育课程改革正在紧锣密鼓地推进，教学作为课程的核心领域，其改革却步履蹒跚，为保证现代职业教育内涵式发展的稳健有力，对高职教学供给侧进行改革，着重提升高职教学的有效性迫在眉睫。

2. 高职院校提高自身影响力与吸引力的需要

有影响力与吸引力的高等职业教育的首要特征是“让人们满意的职业教育”，民众愿意接受职业教育就是高等职业教育有吸引力的最直观表现。高职院校要想在培养高技能人才方面发挥基础性作用，必须真正提高自身吸引力与社会影响力。增强高职社会影响力与吸引力，不能只是简单地追求就业率，而是要凸显高职院校毕业生就业质量，其首要任务就是要提升高职教学质量，切实增强课堂教学的有效性。

3. 高职院校自身的价值追求与高职学生成长发展的需要

高职院校是培养高技能人才的专门场所，课堂教学是高职学生接受教育的基本途径，所占时间最多，涉及面最广，对学生发展的影响最全面、最深刻。高职院校课程主要包括文化课程、专业理论课程、专业实践（实训）课程、理实一体化课程等，专业理论课程主要传授学生本门专业的相关理论知识，专业实训课程主要培养学生的专业技能，理实一体化课程则是突破理论与实践脱节的现象，通过建立理论与实践的内在联系，在实践中去讲解理论知识。高职学生通过课程学习不断丰富自身知识、提升技能与素养，高职课堂有效教学水平的高低直接关系到学生职业能力水平的高低和学生将来的就业质量及长远发展。针对当前高职院校课堂教学令人担忧的现状，高职毕业生就业质量不高等实际状况，以有效教学为基点，对高职教学供给侧进行改革，保证学生能够接受高质量的课堂教学，为社会提供适用的高技能人才，是促进学生可持续发展的现实需要，也是所有高职院校的共同追求。

三、高职教学供给侧改革有效推进的立体分析

高等职业教育作为高等教育的一个重要组成部分，其教育教学供给质量的高低会直接影响我国高等教育发展战略目标是否实现。目前，我国高

职课堂教学的有效性还有待提高，高职的教学质量与人才供给质量日益成为社会各界关注的焦点问题。有效推进高职教学供给侧改革、提高课堂教学质量亦成为高等职业教育工作者需要关心的重要课题。就如何搞好高职院校的课堂教学、课堂教学质量的高低主要受哪些因素的影响、高职教学如何改革等问题，学界给予了很多关注并进行了很多的研究。有的是从教师本身来研究，从教师的个人品质、特征等方面进行阐述；有的是从教学因素的角度进行分析，包括教学目标、教学内容、教学方式、教学策略等；还有的是从教学的实施过程进行分析，按照教学实施的时间维度，从教学准备、教学实施、教学评价对影响课堂教学有效性的因素进行了阐述。这些分析探讨虽然对高职课堂教学的改革具有重要意义，给高职教学供给侧改革与课堂教学改革指明了方向，但还有深化提升的空间。唯有从多维度和多视角对此理性、全面、立体地分析，才能使改革更具有针对性和实践性。

教学因素在《教育大词典》上亦称“教学要素”，是构成教学活动中既独立又联系的基本实体成分。课堂教学是一个由教师、学生、课程、教材、教室、教学设备和教室周围环境等诸多因素组成的系统，而且各因素之间是相互作用的关系，任何因素的变化都会对课堂教学效果产生直接的影响。从多维度立体分析，既可以把教学因素以时间的先后为维度，分为课前、课中、课后；也可以把教学因素从教学论的维度进行分析，分为教学内容、教学方式、教学策略、教学评价等；从现代教学系统论、信息论的维度来分析，分为人力方面、物质方面及教学信息方面三大类，每个要素是相对独立的子系统，其中教师、学生是活动的主体，教学信息是系统的“软件”，物质技术手段是系统的“硬件”。其实无论哪种分类方式、怎样分类，其根本目的都是全面寻找高职教学的影响因素，并且根据这些因素和当前高职课堂教学、实践实验教学等领域存在的问题，提出切实可行的高职教学供给侧改革有效推进的对策和建议，切实提升高等职业教育的供给质量。

（一）树立正确的供给理念与目标

1. 树立正确的高等职业教育理念

高等职业教育理念主要反映在知识传授与能力素质培养的关系上，必须树立注重应用能力教育，融传授知识、培养能力与提高素质为一体，相互协调发展、综合提高的思想；在理论与实践的关系上，要改变过去教学中重视理论知识教学而轻视实践、忽略应用的状况，要理论联系实际，强化实践教育，注重培养实践应用的意识；在教与学的关系上，要改变过去以教师为主体的教学模式，让学生成为教学活动的主体，更加重视学生独立应用能力的培养。

2. 树立技术与德育并重的教育理念

高职课堂教学中，尽管传授知识、强调技能是培养重点，但是不可轻视对高职学生德育的引导和培养。高职学生生源质量参差不齐，少数高职学生不光学习成绩差，本身的道德素质也不高，这对高职院校教师的教学工作提出了更高的要求。技术是把双刃剑，有品性和道德的人会使之向善，缺德之人易使之向恶。所以，高等职业教育中的技能、技术一定要为有德、有情、有仁义之心的人所掌握。换句话说，高等职业教育的本质在于培养全面和谐发展的人，不把握这个本质，学生的职业技能水平越高，教育品质越将临近危险境地。

3. 明确“三用”的教学目标

教学目标明确是提高高职课堂教学有效性的关键。要根据高职人才培养实际提出实用、够用和会用的“三用”策略。实用，高职的培养目标就在于培养适应生产、建设、管理、服务第一线需要的应月型、复合型技术人才和管理人才，而这类人才与市场、职业、技术等方面有着更直接的关联，因而，高职院校一定要按市场、职业、技术三个坐标轴来考虑教学目标的设立。够用，目前高职学生的生源质量不同，根据课前的教学目标分析可知，针对学生的学前能力来说，课堂教学传授的知识只要使学生够用就可以了，因为培养的高职毕业生不是研究型人才，而是把设计蓝图转换为现实产品的人员。会用，是针对高职毕业生就业后能即时上岗，即时地适应业务要求，达到“用得上”要求的目标。

4. 根据时间维度明确教学目标

（1）要根据学情确定高职课前教学目标

教师应该根据学情，包括学生的学习兴趣、动机、情感、已有的知识基础等选择教学起点，对教材进行处理，这也是高职课堂教学的基础。部分高职学生因为基础差，缺乏学习主动性，而教师在分析学情时却过多地依赖经验，或者仅仅是依据对考试成绩的简要分析等，这些是造成教学质量低下的重要原因。对高职院校来说，教学目标最突出的特点是让学生掌握应用型理论知识的同时，要着重进行对技能型、复合型人才的培养。由此，高职课堂教学的课前教学目标也应把握学生的知识起点能力、技能起点能力。当然，任何教学都不应忽视对学生态度、情感方面的关注。培养目标是靠教学实现的，教学目标是培养目标的具体化。从某种意义上说，把握住了教学目标就等于把握住了培养目标。所以，教师在设立课堂的教学目标时，需要分析学生的起点能力，全面分析学生的现实状况，有侧重地引导学生的技能学习。

（2）要灵活掌握课中教学目标

在课中的教学目标分析中，既需要预设，也需要生成。没有预设的教学目标是天马行空、不负责任的，而没有生成的教学目标是形而上学、不精彩的。但是，如果在课堂上教学目标预设过度，挤占生成的时空，从表面上看这些课堂教学有条不紊、井然有序，但实质上还是传统的以教为中心、以知识为本位的教学观的体现，严重偏离了高职课堂所预设的培养学生的动手操作能力的教学目标。所以，从根本上讲，这是低效的教学。反之，如果是生成过多，一方面必然会影响预设目标及教学计划的实现，从而导致教学的随意性和低效化；另一方面也会使教学失去中心，失去方向，同时也会导致泛泛而谈，浅尝辄止，从而最终也背离了教学的目的。教师应以高职学生的培养目标为出发点，课前预设既考虑生成的多样性、可能性，又在课堂教学实施中注意以不偏离预设的基本目标为前提，尽可能地发挥生成的多样性，把预设教学目标和生成教学目标和谐统一起来。

（二）精准供给内容

1. 技术技能教育与人文教育并举

（1）高职教学必须彰显教学目的之职业特性

从教学计划的制订、教学内容的确定、教学方法的选择，到实训设施配备及师资队伍建设、考试考核方法等，都必须瞄准学生毕业后将从事的职业岗位（群）对知识、能力、素质的要求，以应用为目的，着力提升学生的就业和创业竞争力。

（2）高职教学应彰显教学过程的实践特性

高职要培养素质高、能力强、上岗快、用得上的应用型高级技术人才，要以技术应用能力为主线，设计学生的知识、能力、素质结构的培养方案。以应用为主旨和特征，构建课程和教学内容体系。其中很重要的一点就是要求学生在校期间必须完成上岗前的实践训练，学校必须十分重视实训场所和设施的建设，除校内应有较完备的，与基本技能、专业技能、技术应用能力训练有机结合的实训设施外，还要有稳定的校外实训基地，大力推行“1+X”证书制度。

（3）必须把人文素质教育有机融入专业素质教育中

如果有人认为职业教育是单纯的技能教育与谋生教育，与心灵的净化和觉醒无关或者关系不大，这是对其莫大的误解。

一些高职毕业生能胜任工作的技术要求，却无法在该岗位上取得良好的成绩。该现象的产生和高等职业教育的培养过程有很大关系，尤其是某些高职院校忽略了教师对学生的人文、情感和道德方面的培养。在就业竞争日益激烈的今天，高职院校在教学内容上不能仅仅抓住技能这一特点，还要注意在人文、道德和情感方面的教育，尤其需要重视包括人际交往能力、创业能力、自学能力等在内的综合职业能力的培养，提高学生包括思想道德素质、科学文化素质、身心健康素质、劳动技能素质等在内的全面素质，促进他们健康成长和全面发展。

2. 优化调整课程体系

高职教学应高度重视课程体系的调整，应在打破以学科为中心的课程体系的同时，按照突出应用性、实践性的原则，重组课程结构，更新教学内容，建立以提升职业综合能力为中心的课程体系。即使是理论教学，也应以应用为目的，以“实用、够用和会用”为度，以强化应用为重点，不能像传统的大专院校那样过于强调课程内容的系统性，而是要根据未来职业岗位的实际需要，删繁就简，摒弃落后、陈旧的内容，增加生产、服务、建设、管理第一线实用的最新技术。

3. 精选与人才培养目标相适应的教材

教材作为实现人才培养目标的载体，对学校的发展具有举足轻重的作用。高等职业教育课堂教学的最终目的是培养应用型高级专门人才，这必然要求学校有与应用型人才培养目标相适应的教材。目前，部分高职院校的教材反映现代经济和社会生活的内容比较单薄，一定程度上与社会脱节，没有把握时代的脉搏，甚至一些被淘汰的技术还在设置的范畴内。一些高职院校是在“用昨天的知识，培养今天的人才，应对明天的挑战”，所以必须对高职院校使用的教材进行改革。首先，从教材的内容上来说，普通高等教育的教材层次高、内容深、理论性强，显然不适用高职层次的教育，这对培养具有一技之长的应用人才是不利的。所以，普通高等学校的教材不能用于高职的教学课堂。内容过深的教材对基础较差的高职学生来讲，是不合适的，要根据“跳一跳，摘桃子”的最近发展区教育理论选用针对岗位实际、内容适当的教材。其次，从教材的性质上来说，要坚持符合培养目标的要求，高等职业教育培养的是应用型、技术型人才。因此，要选用与高职层次相对应的、操作性较强的教材，在基础理论教学的同时对学生进行动手操作和联系社会实际的教育，这样有利于提高他们的职业适应能力。

（三）优化供给方式

1. 加强情感体验的供给方式

高职教师要激发学生积极的情感体验，引导学生主动学习。教师以愉快的情绪进行教学，学生也会产生同样的情绪体验，教学效果要高于一般情绪状态下的教学效果；反之，学生的情绪体验一般会是消极的，而且教学效果会低于一般情绪状态下的教学效果。对学习心理的研究也表明，伴随愉快的情感体验的学习活动，其活动常常受到强化，而伴随不满意的情绪体验则会使教学活动受到抑制。因而，激发积极的情绪体验，建立主动学习的心向是构建良好教学心理环境的基础。教师可以对学生抱以尊重、信任、和蔼的态度，诱发其积极情绪。高职学生与本科院校的学生和高中生相比，厌学情绪、被动学习等情况相对严重，教师一定要克服职业倦怠，时刻以积极饱满的情感投身教学，及时排除不良干扰；课堂教学中要充分发扬民主精神，建立和谐的教学生态，在师生保持积极情绪的基础上和教材有机结合，促进课堂教学目标有效生成。

2. 实施渗透赏识教育的供给方式

赏识教育即教师在教育过程中以鼓励与肯定为主，批评与惩罚为次。这种教育方式，意在对学生的积极行为进行强化，由此实现良性循环，达到育人目的。大部分高职学生在学习能力、学习基础、学习方法、学习效果等方面都处于弱势地位，在学习过程中需要肯定与鼓励。所以，在高等职业教育教学实践中，教师尤其要重视对学生学习活动的肯定性评价。教师的每一个肯定眼神、每一句赞赏语言、每一个表扬动作，都会对学生的学习活动起到激励作用，都是学生的成功体验。对学习活动的评价是师生之间相互沟通的重要桥梁。学生可以从教师的评价中了解到教师对自己的看法及态度，找到行为的依据与学习的兴趣。学生对学习的兴趣和自信心在很大程度上取决于教师的评价。因此，重视肯定性评价，帮助学生产生成功体验、树立学习自信心是高等职业教育建构健康教学心理环境的重要保证。教与学的本质属性是教师价值引导和学生自主建构的辩证统一，高等职业教育应倡导自主合作探究的学习方法，让学生成为学习的主体，这就要求师生之间要建立教学相长的平等关系，要求教师成为学生学习的平等伙伴。教师要以肯定赞赏、和悦平等的情感积极化解课堂上的消极因素，在民主、宽容、有序、互动的课堂气氛中提高教学效果。

3. 推进理论知识供给方式与实践供给方式协同运行

高等职业教育的特征就是培养学生的动手操作能力，在理论知识传授过程中，教师要善于创设问题情境，改革脱离实际的理论教学，要在教学模式上选取“真实任务”，把理论问题与社会实践、岗位工作要求等联系起来，引起学生兴趣，引导学生积极思考，培养学生学习的主动性和创造性。为了更好地立足专业理论知识提高学生解决实际问题的能力，教师要多带领学生去实验实训基地进行现场教学，多去合作企业等真实的工作环境中体验，在现场教学、真实体验的实践中进一步深化学生对专业理论知识的理解，有效提升教学效果。

（四）健全供给制度

1. 健全教学评价制度与教学评价管理体系

高等职业教育区别于其他类型高等教育的显著特点就是育人目标，高等职业教育要面对市场为生产、建设、应用、服务生产第一线培养技术技能型人才，市场在很大程度上是检验课堂教学是否有效的重要标准之一。在对高职教学评价制度与教学评价管理体系进行设计与完善时，要贯彻“职业教育就是就业教育”的理念，树立市场导向的观念，使高职院校不仅成为育人的场所，也成为劳动力供给市场。

（1）坚持质性和量化结合、统一性和多样化结合的评价方式

首先，要坚持质性和量化相统一。定量评价的结果是由数量表示的，在形成评价结果的过程中往往会丢失很多信息，使课堂教学质量评价的客观性和有效性都有很大程度的降低。课堂教学是一项复杂的劳动，体现在教学任务的多样化、教学过程的复杂性、师生的集体协作性与灵活性等方面，其特点决定了课堂教学质量评价必须采用定性与定量相结合的评价方

法。以量化的客观评价方式对知识传授进行科学准确的评价，以质性的评价方式对用量化方式不能准确评价甚至是忽略不顾的情感因素、价值观等方面进行评价，在对量化的反思、批判的基础上进行革新和发展，使两者达到最佳融合，促进高职课堂教学的发展，提高高职课堂教学的有效性。

其次，要坚持统一性和多样化相结合。统一性评价主要是以教师的基本功、教学目标和教学态度为评价目标，尤其强调了对课程的共性特征的评价。这种评价方式主要是针对教学目标、教学态度、教学内容、教学方式、教学手段、教学效果等因素进行评价，对不同的课程教学教师制定评价指标，然后从这些共性指标抽象出二级指标，这种做法使得评价方式变得简单，便于操作。但同时也制约了教师的不同教学风格和教学个性，进而影响了教学实际效果和评价的准确性。要深入推进高职院校教学改革，在教学质量评价指标的确定上应突出高等职业教育的特点，突出时代发展的要求，突出对学生职业性和创新性的培养。这种统一性和多样化相结合的评价方式，能使高职教学评价取得更好的效应，能够提高课堂教学效果，能够促进高职教学质量的提升。

（2）评价主体多元化

专家评价对学校宏观了解全校教学质量，对年轻教师提高教学水平和快速成长确有好处。但是，由于各高校督导专家组人数有限，听课次数有限，只能跟踪极少数的教师和课程，所以专家评价也无法准确反映每个教师的教学情况和每门课程的教学质量。同行评价对促进教学方法研究、集体备课以及统一课程要求都有好处，但是，由于教师的教学任务和学术研究的任务较重，难以使这种评价制度化、经常化和规范化，而且教师在评价过程中客观上也存在人情面子、利益纠葛等人为因素的干扰，容易使评价流于形式。学生作为教学活动的主体，受到越来越多的关注。学生是教学的对象，是教师教学的直接感受者、体验者和受益者，对教师的教学方法、教学态度、教学水平、教学效果等感受最深，对课堂教学质量最有发言权。因此，许多高校在建立课堂教学质量评价监控机制的过程中，都加大了学生评价的力度。在国外的高等教育中，一直很强调学生对教师的评价权。

在保证专家评价、同行评价、学生评价的基础上还要进一步促进教师反思自评，因为教学评价的目的在于保证教学质量，促进教与学。教无定式、学无定法，各高职院校要根据各自的特点，有针对性地制定评价体系标准，发挥好评价的导向、激励和诊断作用。教师的教学积极性是保证教学质量的根本，在评价中要着重体现对教师的人文关怀，引导教师正确对待评价，消除思想障碍和负面影响，保护教师的教学积极性、主动性与创造性。

2. 完善课堂管理制度

课堂是由教师、学生、教学内容、教学媒体这四个要素构成的一个有机系统。这四个要素相互交织并形成各种关系。课堂管理就是指教师通过协调控制，整合这些教学要素及其关系，使之形成一个有序的整体，从而有效地实现预定教学目标的过程。课堂管理在教学活动中具有助长和维持两个功能。助长功能指良好的课堂管理可以有效地调控学生学习活动，形成积极的课堂学习环境，有利于完成教学任务和达到教学目标。维持功能指良好的课堂管理保证各个教学环节之间的有序转化，维持课堂教学的正常秩序，有利于形成高效的课堂教学活动。在课堂管理中，教师的角色是关键的，他时刻规范自己的管理行为，使课堂管理更加有效。首先，制度即规范，高职院校要根据高职教学特点和课堂建设实际，建立和完善课堂管理制度并严格执行。课堂教学管理制度体现了学校教育的价值观，它不仅规范着教师的工作方法、工作要求、工作作风、工作效率，还规范着学生的课堂行为、习惯和意志。教师既是严格的课堂管理者，也是学生遵守课堂纪律的榜样，自身要做到自觉、自律，自始至终保持良好的教学状态；还要用制度管理和约束学生在课堂上的行为。其次，课堂管理制度的完善还要着重构建良好的高职课堂生态，既严格，又科学；既体现课堂教学的一般要求，又体现高职课堂教学特色。学生自觉、教师自律，在严肃活泼、宽容民主、师生互动、平等和谐的课堂气氛中实施教学活动。

（五）提升供给主体的素质

教师在教学中的主体地位是任何时候都不能取代的，教师是课堂教学的供给主体；不论何时、何地，教师角色在教学中的影响是绝不能被忽视的。教师的教学态度、教学方式、教学内容、教学水平、教学行为等因素对教学质量的影响是直接的，高素质的教师队伍是高职课堂教学质量的保障，也是推动高职教学供给侧改革的关键因素。

1. 决定高职教师素质提升的主要因素

（1）教师的专业理论与科研水平

教师的专业理论与科研水平主要表现在教师的知识结构，具体包括教师的学科专业性知识、相关科学知识、实践性知识、教育学和心理学知识等。教师的专业理论及科研水平与教学的有效性有着紧密关系。教师的这些知识与学生的学业成绩和素质提升存在着显著的正相关。学科专业性知识是教师从事本学科教学的基础，相关科学知识是拓展学生知识面的重要保证，丰富的教育教学经验是使教学达到最优化的保障。因此，教师要实施有效的课堂教学，就必须掌握并不断更新学科专业性知识，并对其他相关知识保持继续学习的自觉。

（2）教师的思想道德水平

学生之所以能“亲其师而信其道”，很大程度上是因为教师本身的人格魅力和高尚的情操征服了学生。而教师这一形象取得学生和社会的认可是由于教师本身具有良好的“师德”。尽管从总体上来说，人们对于教师的师德对教学有效性的影响不如教师教学能力、理论科研水平等对教学有效性的影响的认识高，但是“师德”在教学有效性的影响中是“内隐”的、“潜在”的、“长远”的，是教师影响力的核心。合格的教师首先必须把自己内化成具有责任感和事业心、敬业爱岗、尊重热爱学生的形象。

（3）教师的理论教学能力

教师的教学能力是教师在教学的全过程中所表现出来的设计、组织、动手操作、表达、管理、评价与反馈等的综合能力。它们与教学有效性的关系非常密切。我们所说的教师的理论教学能力，一般而言是指教师的科学文化知识教学能力。它包括组织管理能力、表达能力、现代教育技术运用能力。它体现为教师把自身知识、教材知识、学科知识转化为学生知识和素质的能力。对高职教师而言，建立有序且有效的课堂规则的能力也很重要。为保持理想的课堂教学效果，高职教师不仅要提高专业知识的应用能力与传授水平，还要注重教学组织能力、课堂驾驭能力、课堂管理等能力的培养和提高。

（4）教师的操作能力

有些高职院校的任课教师总认为实践操作能力是“双师型”教师的事，这是一个很大的认识误区。高职教学的显著特点就是实践性强，就是思想政治课和文化基础课都要强调实践性。如果教师在课堂上不能正确使用教学设备或缺乏实践能力，必然会使学生产生疑惑，进而产生厌学情绪和对教师的不信任感，不利于课堂教学质量的提高。高职教师必须重视自己实践动手能力的培养，在教学中真正将理论与实践结合起来，着力培养学生的职业胜任能力。

（5）教师的教学智慧水平

相当一部分高职学生存在学习基础薄弱、不愿思考、不想提问、被动学习等问题，但这些问题的存在并不意味着高职学生不能思考、不会创新。而当今的高职课堂上，很多教师依然担任着“搬运工”的角色，也就是教师基本上是按部就班地把教科书、教参上的内容搬到课堂上，讲授给学生。教师“引”而不导，没有充分教育、引导学生去思考。在这样的教学过程与教学方式中，教师很难培养高职学生的创造力，更谈不上生成智慧。一个合格的高职教师必须自觉主动地提升教学智慧水平，根据高职学生的个性特点和学情基础，施用灵活的教学策略，运用设疑质疑、以疑引趣、以疑激思、恰当引导、融合互动等教学艺术，在教学中激发学生的兴趣，引发其探求欲望，使之产生深入理解的动力，提高学生发现问题、分析问题、解决问题的能力，最大限度地提高课堂学习效率和课堂教学效果。

2. 加强“双师型”教师队伍建设

建设一支以就业为导向，强化技能性和实践性教学要求的“双师型”教师队伍，是高职院校培养社会需要的高素质应用型人才的关键，也是高等职业教育教师队伍供给侧改革的主要方向。基于高职教学效果有效提升的“双师型”教师队伍建设的发展策略主要可从如下几个方面着手。

（1）国家层面要成立“双师”技能鉴定委员会，规范“双师型”教师资格评审和考核标准，启动动态评审机制，把好“双师型”教师的认定关，从源头上严格控制“双师型”教师的质量。

（2）政府层面必须从舆论上为“双师型”教师扬名，提高其社会地位，从经济上扶持，为提高“双师型”教师待遇提供政策保障。

（3）高职院校要完善培养培训体系，把教师的职前职后培训有机衔接好，开展多样化的培养培训活动，深化产教融合，加强兼职教师队伍的培养和建设。

（4）搭建高职院校应用型科研平台，组建技术研发团队，支持引导“双师型”教师深入区域农村、企事业单位、政府机关开展“落地式”技术服务和科研工作。

（5）完善和创新教师激励机制，建立科学规范的教师评价体系，采取针对性的措施在师资引进、职称评审、薪酬晋升、培训考核等方面向“双师型”教师倾斜，如“双师型”教师在职称评审、薪酬晋升等方面不能把论文发表等理论科研成果作为重要的量化考核标准，而是要重点考核其技术技能水平和应用技术服务等业绩。

（6）加强对“双师型”教师的职业生涯规划的牵引，组织和引导不同的“双师型”教师开展专业化、个性化的职业生涯规划和诊断。高职院校的人事管理部门要重视“双师型”教师的职业生涯规划，对“双师型”教师的职业生涯规划在业务上要精心指导、经济上要大力支持，帮助他们健康成长，为他们的个人发展指明方向。

（六）完善供给环境

教学环境是教学活动的主要供给环境，也是教学活动无处不在的因素，是无时不影响教学效率与效果的主要因素。它从根本上制约着课堂教学活动的开展，是不容忽视的因素之一。教学环境可分为硬环境和软环境。硬环境是指课堂教学中能看到的、外在的教学环境。教室的大小、光线，教室里的桌椅，教材等其他的教学设备是教学活动的主要“战场”。教学硬环境的建设和完善应注意以下几点。

（1）要轻松舒适。例如，灯光的亮度不能太暗，“阅读区的灯光可以亮一些，而讨论区的光线可以柔和一些”。

（2）要有益于教与学。例如，学习区不宜太拥挤，要便于拿取和放回学习材料，有互不干扰、易于教师指导与监控的空间等。

（3）有宽敞、足够的学习空间

在任何环境下，人们都需要有自己的私人空间，当空间狭小的时候，人数越多，发生侵犯性行为的可能性就越大。就学习而言，空间越小对学习效果的影响也越大。人数的多少也能对有效教学产生很大的影响。这也是有条件的高职院校采取小班教学的原因。第四，恰当地使用多媒体、大数据等教育技术。这不仅可以使师生从数字图书馆得到用于分析的数据，还可以促进教师、管理人员和学生的学习，增进高职院校和社区及家庭间的联系，把“令人激动的、基于真实世界的问题引入课堂，还提供促进学习的支架和工具，给学生和教师提供更多的反馈、反思和修改机会”，为提高学习和教学效果提供技术支持。总之，丰富合理的物质环境有助于高效学习。

软环境是与硬环境相对的，是指在课堂上无形的、动态的教学心理环境。课堂活动的效果不仅仅取决于教师的教、学生的学，还取决于一定的教育情景。课堂教学气氛是教育情景的重要组成部分之一。建设包括“平等和谐的师生关系、端正的教师仪表、教师的积极情感、学生主动学习的意向、教师的良好个性、师生互动的课堂气氛、合适的教学方法和艺术”等多种因素在内的软环境，有助于提高课堂教学质量。

第五章

高等职业教育教学创新与发展

第一节　教学方法与学习方式的改革创新

一、高等职业教育教学方法改革创新探析

高等职业教育以培养适应生产、建设、管理、服务第一线需要的应用型专门人才为目标。因此，高等职业教育在教学方法改革中应注重培养学生的应用能力。在教学过程中，教师不仅要注重讲，更要注重训；不仅要关注“讲”什么、“训”什么，更要关注怎么“讲”、怎么“训”，以及如何处理好“讲”与“训”之间的关系。高等职业教育教学方法改革是推进技能型人才培养的动力。基于高等职业教育教学任务的多样性和教学对象的差异性，教学方法的改革已势在必行。目前，高职院校教学改革已出现了主导性多元化的局面。所谓主导性多元化，即以教师为主导，教师可根据不同的对象和内容采取多元的教学方法，让学生变被动学习为主动学习，充分调动学生学习的积极性。

（一）高等职业教育教学方法改革创新的现状

高等职业教育教学方法改革呈现出百花齐放的良好局面。主要的教学方法有以下六种：问题式教学法、案例教学法、讨论式教学法、项目教学法、现场教学法、认知教学法。

1. 问题式教学法

问题式教学法，是指在教学中以“问题”为“中心”，组织学生进行思考、探究，进而培养学生获取新知识的一种教学活动。哲学家波普尔认为：“正是问题激发我们去学习，去发展知识，去观察，去实践。”教学过程就是一个设疑、质疑、解疑的过程。课前教师在吃透教材内容的基础

上，根据学生的需要与兴趣，精心设计符合学生思维空间与思维模式的问题，引导学生思考，调动学生参与的积极性，让学生去发现，去探究。这样做，可以培养学生获取新知识以及分析问题、解决问题的能力，提高学生的交流能力、合作能力、探究能力和生存发展能力。在问题的探究中，要努力做到全员参加，鼓励学生之间开展持之有据、言之有理的争论，提倡勇于坚持自己的观点，但又不固执己见的学风。教师在教学活动中应以指导者、组织者、参与者、研究者的身份出现。在问题讨论过程中，教师应善于捕捉学生创造的火花，及时对学生进行鼓励、引导，并对其学习成果进行总结提升。

2. 案例教学法

案例教学法，是指利用以真实的事件撰写的案例进行课堂教学的教学方法——该教学方法是把理论融入一个个生动的具体案例中，既讲理论，又讲实践，深入浅出，通俗易懂，增强学生对教学内容的理解与记忆，使学生形成科学的思维模式。案例教学法可通过典型案例，将学生带入特定事件的情境，使学生在独立思考或集体协作的状态下，进一步提高识别、分析和解决问题的能力，进而形成良好的知识学习与驾驭能力、沟通能力、职业能力和协调能力。运用案例教学，一方面，可使理论的阐述更透彻、更具体；另一方面，可以极大地提高学生的学习兴趣和主动性，活跃学生的思维，开拓学生的思路，使学生成为课堂教学的中心，可以较好地提升学习效率。

3. 讨论式教学法

讨论式教学法，是指对课程中的某些内容运用讨论的方式进行的一种教学活动。首先，教师在上课前要做充分的准备，把讨论课的教学内容、教学目标告诉学生，然后让学生通过预习和查阅资料做准备；其次，教师在上课时让学生围绕本课的教学内容和要达到的教学目标进行讨论；最后，教师根据讨论结果进行总结归纳。这样，学生不仅能明确教学目标，而且能够掌握实现目标的途径和方法，可以充分发挥学生的学习潜能，激发学生的学习兴趣，培养学生的参与意识和创新精神，使学生在参与中获得提高。

4. 项目教学法

项目教学法，是指通过具有真实应用背景的模拟或真实的项目，包括生产性的、设计性的或综合性的，让学生了解项目对象，即产品、商业活动、管理系统，提出技术路线和解决方案，再进行生产性工作，最后形成物化的或非物化的产品的教学活动。项目的大小和教学要求可以根据实际条件（时间、硬件等）确定，教学活动形式可以由个人完成或由小组完成。项目教学不仅可以培养学生的专业技术能力，也是培养关键能力和职业素质的有效形式，更是提高学生全面素质的有效形式。

5. 现场教学法

现场教学法，是指将课堂搬到工程现场，通过现场的情境感染（声音、色彩、动作）和实物形象来激发学生的形象思维的教学活动。这一教学方法可使学生获得直观的、现实的知识，加深对知识的理解和记忆，并能提升学生对知识的运用能力和实际操作能力。

6. 认知教学法

认知教学法，是指按照人们认识客观事物的一般规律而设计的教学模式，即通过对事物的感知—表象（想象）—思维的过程，培养学生的“认知技能”，即智力技能的教学活动。认知教学法的教学过程通常包括：①知道要做什么，即了解教学活动（认知活动）的结果定向。②感知是什么，借助实物或模型，通过人的感觉和知觉去感性地认识事物。③认知为什么，借助各种语言（如文字语言、教学语言、图表等）理性地描述事物。由于许多工科类专业的应用对象为设备、产品、仪器、结构等有形物，所以，认知教学法非常适合高职类学校教学实践。

（二）创新教学方法的主要途径

从当前高等职业教育的实际情况看，教学方法的改革宜从以下四个方面入手。

第一，把传统的“传道、授业、解惑”的教育观念转变到以创新人才培养为主要目标的教育思想上来，自觉地将创新教育寓于各个教学环节之中。

第二，把“以教师为中心”的教学方法转变到“以学生为中心”上来，突出学生的主体作用，充分发挥教师的主导作用。

第三，从偏重教学中解放出来，注重将科研引入教学过程，激发学生的创新精神，注重科研方法的训练，提高学生的科研能力与创新能力。

第四，从灌输式方法转变为启发式、讨论式、研究式的教学方法，充分调动学生的积极性。积极利用多媒体、远程网络教育等现代教学手段，改变以往黑板加粉笔的说教方法，激发学生的学习兴趣，提高教学质量和教学效益。

二、高等职业教育学习方式创新探析

高等职业教育教学改革除了要对教师的教学方法进行改革外，教师作为学生学习的组织者、引导者、合作者，还要注意自己“怎么教”，关注学生“怎么学”。高等职业教育应根据高职学生学习的特点，及时指导学生学会学习，要让学生在学中练，在练中学，以练促学，以练促用，做到学练结合，学以致用，让学生变“学会”为“会学”“会做”，使学生转变单一、被动的学习方式，进而建立起主体性多样化的学习方式，这是高职学生提高学习质量的关键。

（一）学习方式的创新，使高等职业教育充满了活力

高等职业教育的教学过程应根据学生学习环节的实践性、学习安排的阶段性、学习过程的自我适应性、学习态度的自主性、学习方法的科学性、学习手段的多样性等特点，在遵循讲课要讲活、读书要读活的原则下，教师的教学方法活化了，学生的学习方式也日趋多样化，其中，主要的学习方式有以下五种。

1. 互动式学习方式

互动式学习方式，是指在课堂教学中教师从主体转为主导，进而创造

出教学中师生平等、合作、和谐的课堂氛围，使师生在知识、情感、思想、精神等方面的相互交融中实现教学相长的一种方式。它的本质特征是师生平等和相互尊重，促进教学由单向交流向双向交流转变，推动教学中不对等交流向平等交流转变，使学生由单向传输的被动接受向双向交流的主动接受转变，由单一知识教育向综合的素质教育转变，进而带动信息互动、情感互动、思想互动、心灵互动的新局面。这种在教学过程中使学生变被动为主动，进而形成师生互动的学习方式，在高职院校中已广为运用，并且收效非常明显，受到师生的普遍欢迎。

2. 自主式学习方式

自主式学习方式，是指一种由学生自主进行而不受他人支配的学习方式。学生在学习中具有分析、反思，进而作出决定和独立行动的能力。自主学习是在以学生为主体、教师为主导的情况下所进行的教学活动，学生具有管理自己的能力，包括自己设计学习活动、监控学习进程和评估学习效果等。为此，教师在课堂教学中所要把握的关键是如何培养和发展学生的学习自主性，教师需向学生提供有益于学习的选择和决定的机会，帮助学生提高在知情中作出选择和决定的能力。镇江高专外语系教师在外语教学中作了尝试，在教师自主式教学模式的带动下，学生已逐步形成自主式学习方式，外语学习成绩有明显提高，这是一种行之有效的学习方式。

3. 体验式学习方式

体验式学习方式，是指教师在教学过程中让学生走出课堂，通过组织学生到企业参观、做专业调查、负重拉练、参加相关行业的义务劳动或社会公益活动等实践活动，使学生所学的理性知识获得充分的感性支持，尽快缩短“知”与“行”的距离的一种学习方式。例如，在专业课的学习中可以利用专业实习、实训的机会进行思想道德教育。运用技术操作和管理等手段，使学生在实际操作中了解和体会遵守职业道德规范的必要性和重要性，提高学生对生产实践中职业道德条款的理解度和遵循度，达到“有章要循”“有法必依”的效果。

4. 研究性学习方式

研究性学习方式，是指学生在教师的指导下从自身生活和社会活动中选择并研究专题，以类似科学研究的方式，主动地获取知识、应用知识来解决问题的学习活动。这种研究性学习方式改变了学生单纯地接受教师传授知识的学习方式，为学生构建了一种开放的学习环境。在这一活动中，教师充当指导者、合作者和助手，可以根据教学内容采用灵活多样的方式让学生发现问题、分析问题和解决问题；学生亲自参与研究探索，学会分享与合作，培养科学态度和道德意识，培养社会责任感和使命感，同时，进一步丰富学生各种知识储存，并尝试相关知识的综合运用。

5. 适应性学习方式

适应性学习方式，是指学生在学习环境变化了的情况下，通过自己的主观努力，克服心理上的不适感或茫然感，积极变被动为主动，将自己的心态调整到能正常学习的一种心理状态。学习环境的变化将伴随终身，掌握自我适应性的学习方式将使学生受益一生。

（二）学习方式创新的基本途径

为使学生的学习方式得到根本的转变，以适应当今教学改革的步伐，可以从下述几个途径入手。

1. 带着问题学习

在教学过程中，教师不仅要培养学生分析问题、解决问题的能力，更要培养学生发现问题和提出问题的能力。提出问题往往是创新的开始，强化问题意识是创造性和创新能力的基础，问题是创新的驱动力，没有问题也就不会有创新，能提出新问题，或者从新的角度去思考老问题，往往会引起新的发现与突破。正如英国科学家波普尔先生所说："科学的第一特征是科学和知识的增长永远始于问题、终于问题，越深化的问题，越能启发新问题。"所以，学生要努力营造多种问题情境，以问题作为学习载体，以问题为中心，始终保持一种怀疑、困惑、探究的心理状态，围绕问题的发现、提出、分析和解决来组织自己的学习活动。带着问题的学习是提高主动学习能力的一条重要途径。

2. 通过实践学习

高等职业教育以培养应用型高级专门人才为目标，其理论教学是以“必需”和“够用”为度，大部分教学内容是要通过实践来组织和完成的。因为实践教学既是认识的源泉，又是思维的基础。它不仅能获取知识，还可强化技能的培训，给学生一定的直接经验和感性认识，进而提高他们的动手能力、操作能力，以及发现问题、分析问题和解决问题的能力，使他们能够把书本上所学到的理论知识转化为能够应用的东西。

3. 利用网络学习

计算机多媒体技术和网络通信技术为核心的信息技术迅猛发展，把人类带入了网络时代，网络已成为人们生活、学习、工作中不可或缺的工具。高职院校通过计算机校园网络，将教育教学手段延伸到校园内外的每一个角落，从而使师生间的教学互动变得更为快捷和简明。网络改变了以往黑板加粉笔的单一的教学方式，使学生拓宽了学习视野，丰富了学习资源，激发了学习兴趣，进而主动设计自身的学习活动。在网络技术运用中还可以进一步培养学生收集、处理、储存、利用信息的能力，进而利用网络解决学习、生活、工作中遇到的各种问题，提高学习和生活效率。

4. 在对话中学习

在高等职业教育教学过程中，教师要创立一种活跃的学术氛围，安排一定的教学内容让学生自学，并在此基础上组织学生进行讨论和对话，让每名学生都能发表各自的观点和见解，充分调动学生学习的积极性和主动性，使他们从听教师“满堂灌”的被动接受式学习中解脱出来，形成一种在教师指导下，学生主动去查找资料，寻找依据，在对话中获取知识的学习活动。通过这种对话式的学习，不仅可以促进师生间彼此心灵的沟通与交流，引发双方对教学内容、教学方法和学习方法的探究与交流，而且对突出学习的主体性、交互性、协调性，转变学生的学习方式，提高学习能力都具有不可估量的作用。因此，教学中应大力倡导在对话中学习的方式。

5. 在创新教育中学习

人类要生存、要发展，就必须创新。创新就是要淘汰旧的观念、技术和事物，创造和培育新的观念、技术和事物。目前，创新教育已为大学生的学习创造了良好的机遇。创新教育与传统教育具有以下几方面明显的区别。

（1）创新教育是学生主动地获取知识，而传统教育多半是学生被动地接受知识。

（2）创新教育强调学生提取和加工信息的能力，而传统教育多半强调学生储存、积累知识的能力。

（3）创新教育提倡学生探索众多的未知领域，设想多元化的解决问题的方案，需要学生进行选择与决策，而传统教育主要是给学生以现成的、唯一的标准答案。

（4）创新教育注重学生发散思维的训练，而传统教育多半注重学生集中思维的培养。

（5）创新教育注重学生学习的思维过程，是“过程性教育”，而传统教育注重的是人类思维的结果，提供结论性的知识，是“结论性教育”。

（6）创新教育注重培养解决模糊领域问题的人才，即“生产知识者”，而传统教育注重培养解决精确领域问题的人才，即“知识生产者”。

（7）创新教育强调教学的差异性，是对学生进行高标准的选择性突破，而传统教育多半强调教学的统一性，是对学生进行低标准的全面平推。

（8）创新教育讲究未来的发展趋势，而传统教育讲究现有的传统规范。

（9）创新教育注重学生对未来社会的应变能力，而传统教育多半强调学生对当今社会的适应能力。

（10）创新教育强调变动和发展，目标是培养“创新型”“素质型”

人才，而传统教育更多地强调模仿与继承，目标是培养“应试型”“知识型”人才。因此，实施创新教育，培养创新型人才，不仅是高等职业教育发展的必然趋势，同时也是目前世界大学教育发展的方向。高等职业教育的工作者，应加强对学生的趋异、自信、冒险、进取等品质的培养和训练，增强学生学习的自主性和独立性，培养其独立思考和解决问题的能力，使他们敢于认识和研究自己所不知道的问题，不断提高认识水平，善于将新的学习内容灵活变通地纳入已有的认知结构。

三、高等职业教育学习方式多样化探析

（一）学习方式及其特点

1. 学习方式具有相对稳定性

人人都有各自的生活背景、内心世界和相应的生活经验，有自己观察和解释世界的独特方式，因此，在教学中，学生可以能动地接受，但也可能消极地排斥。学习方式是一个人在认识外部客观世界的过程中逐渐摸索形成的，学习方式一经形成即具有相对稳定性，且会形成习惯和定式，难以更改。

2. 学习方式具有个体差异性

每名学生都有自己的学习方式，如有的学生习惯于由一般到特殊的学习秩序，对于先呈现知识总提纲，再呈现例子和应用分析的学习内容有较强的接受能力；而有的学生习惯于由特殊到一般，即先学习具体事例，最后由事例归纳结论；有些学生喜欢通过写来记忆材料；有些学生则喜好通过复述来记忆材料。

3. 学习方式具有可变性

某种认知方式在学习进程中经历了多次失败后，学习者会转而寻求新的学习方式；或者学习者在与同伴共同学习的过程中，逐渐吸收同伴优秀的学习方式，并结合自身实际，对原学习方式不断加以调整和改进，从而形成适合自己的新的学习方式。

（二）实现学习方式多样化的必要性

1. 被动的填鸭式教学模式亟待改革

目前，我国高职院校学生的学习方式大多是教师教、学生学、课外做练习。学生处于被动的接受地位，这在很大限度上扼制了学习创新能力和创造性思维的发展。此外，死板的教学方式激不起学生的学习兴趣。实现学习方式的多样化，可以有效地解决这类问题。

2. 学生个体之间存在差异

学生个体之间存在差异，有的学生学得快，有的学生学得慢，要是用统一的学习方式来要求所有的学生，势必会造成学习效果的参差不齐。即使学生的智力水平和学习动机等因素相同，他们在接受、储存、转化、提取和应用知识过程中所采用的感知和思维方式也会有很大差异。学生学习方式的个体差异影响着他们在学习过程中获得经验的方式。因此，学习方式的多样化是不可避免的。

3. 素质教育呼唤学习方式的多样化

素质教育的一个重要任务是培养学生的创新精神和创造能力，培养全面发展的人才。学生走上社会后，缺乏再学习能力和创新能力，不能学以致用，就意味着不能生存。学习方式的多样化在某种程度上可以解决这个问题，此外，只知死读书，不与别人交流，不善于表达都会对学生今后走上工作岗位产生不良影响，而实行合作学习可以在很大程度上改善这种状况。合作学习，可以增进人与人之间的信任感，团队精神也将得到升华。

（三）如何实现学习方式的多样化

实现学习方式的多样化，一方面要从教师入手，建立平等和谐的师生关系，教师要改变教学技术和教学行为，引导学生积极转变学习方式；另一方面要从学生入手，学生要变“要我学”为“我要学”，结合自身实际，探索适合自己的学习方式。

1. 提高教师素质，实现教学方式个性化

在学习方式多样化的进程中，教师是学习的促进者和参与者，是活动的组织者和情感的支持者，因此，教师必须注意吸收多方面知识，提高自身的素养。教师应根据不同的情境、不同的学习者以及不同的学习阶段，对自己所扮演的角色及时作相应的调整。学生普遍存在个体差异，教师要因材施教，在平时教学中要多注意观察，帮助学生找到最适合自身的学习方式。

2. 培养学生自主学习、合作学习、探究学习的品质

（1）培养自主学习的品质

自主学习是相对于传统学习方式中的“他主学习”而言的，一般指学生在学习过程中表现出来的自主意识和自主能力。具体表现为学习者有明确的自我学习目标，有自觉的行为追求，会选择适当的学习方法以获得自己期待的学习效果。强调学生学习的自主性，并不排斥教师的引导。离开教师的引导，学生的学习就可能失去方向，就难以保证学习活动的顺利完成。教师要从学生的“学”出发，为学生的自主学习留有更充分的时间和空间，营造一种富有挑战的学习氛围，引发学生自主学习的积极性。

学生可以通过阅读、质疑、研究、总结和实践的过程来完成自主学习。质疑能力是人类潜在的天性，教师要尊重、调动和正确引导学生的这种潜能，并使之成为学生学习过程中一种非常重要的能力。在阅读教材的过程中，可以鼓励学生自己提出疑问，也可由教师布置课题，让学生带着疑问去查资料，翻阅相关课外书籍，向他人询问等，最后再进一步总结，写出报告。理工科的学生还可以通过实验来验证结果的正确性。

（2）培养合作学习的品质

通过合作学习可使学生学会与他人合作，它不仅是促进学生学习的形式和方法，也是学习的目的。合作学习最重要的就是培养学生的合作意识、合作能力和合作精神，通过合作促进学生的协调发展是学习最核心和最根本的目的。

（3）培养探究学习的品质

探究学习是针对传统学习方式中的“接受学习”而言的，是指学生在

学习人类既有知识的过程中，对知识的合法性与权威性保留自己质疑、评价、批判的权利，而不被动学习或全盘接受。探究学习是以活动为主要形式的学习，结合学生的亲身经历，密切联系学生自身的生活，要求学生参与到活动中的每一个细节，在活动中自主选择问题进行探索，体验、感受生活，发展实践能力和创新能力。

3. 利用信息和网络技术实现学习方式多样化

当前计算机和网络信息技术发展迅速，这些技术可以被应用到学习方式的转变上来，以实现学习方式的多样化。

（1）丰富的网上资源可为探究学习提供丰富的知识源泉和探究课题

其中包括全方位、多层次、多角度且图文并茂的文献资料，以及多种多样的解决问题的思路。网上的信息传播速度非常快，可大大节省探究时间，提高学习效率。

（2）网络虚拟环境可为学生提供现实中难以体验或无法亲身体验的情境

网络中的虚拟情境与虚拟交往为学生的探究学习提供了一个丰富的信息世界。它汇集了计算机图形学、多媒体技术、人工智能以及人体行为学等多项关键技术，通过多媒体技术与仿真技术相结合，生成视觉、听觉、触觉一体化的虚拟环境。在学习过程中，可以利用网络把问题融于具体的虚拟情境中，学生在自然状态下与虚拟环境中的客体进行信息与情感互动，其效果是传统的教学手段难以达到的。

（3）网络可为学生提供交流与协作的平台

学生可以在各自家中实现远程互动，用QQ、微信等聊天工具或发电子邮件互相讨论，这些都有助于推动学习进程，增强学习效果。

4. 实现学习方式多样化的前景

创新是一个民族的灵魂，是一个国家兴旺发达的动力和源泉，创新的关键在于人才，人才的成长靠教育。要想培养具有创新精神和创新能力的人才，就必须注重提高学生的学习能力，重点要在自学能力、研究能力、思维能力、表达能力和组织管理能力等方面努力。实现学习方式多样化有助于因材施教，培养高素质人才，提高学生再学习的能力，使学生树立终身学习的理念。

实现学习方式多样化任重道远，学习方式的多样化将有效地推进各类教改的实施，同时也将促使学生多学、快学知识，学好、用好知识。

四、高职学生创新素质的培养研究

（一）高职院校培养学生创新素质的重要意义

1. 创新有助于社会的可持续发展

目前，就业于企业的创新型高职人才在工作中能够对事物进行创造性的判断、分析、综合和推理，创意多、方法新、效率高，既有一定的理论知识，又有一线的工作经验，了解社会对企业、产品、服务等各方面的需求，能对原有产品、服务及管理模式等提出合理的改革意见，对企业的投资方向能有独特的见解，能更好地为企业争取商机和提高收益，促进企业的健康、持续发展。

2. 创新有助于高职生的可持续发展

具有创新意识、创新思维、创新能力、创新人格的人，具备了开放性思维、多向性思维与创造性思维能力。能够在思维活动中冲破一般思维与传统思维模式的束缚，运用所学的知识创造新颖独特的思维方式，善于发现问题，敢于创新实践，大胆尝试，不怕失败。在改革开放的背景下，具备了创新素质的高职学生，正是面对激烈竞争的现代企业所需要的人才；高职人才在企业基层的平台上展示自己的创新能力，在促进企业良性发展的同时，也可实现自身的可持续发展，为自己的择业、创业开拓更为广阔的空间。

（二）高职院校学生创新素质的培养目标

以培养学生创新精神为目标的创新教育，应围绕创新核心内容的三个层次展开，即培养学生再次发现知识的探索精神、重新组合知识的综合能力，以及创造前所未有的事物的创造意识和创造能力。创新教育所培养的人才要具有“无中生有，有中生新”的能力和潜质，这也正是现代企业对人才的一个基本要求。

高职院校学生创新素质的培养目标应围绕创新意识、创新思维、创新能力的培养，最终使学生形成稳定的创新品格。创新型人才的知识、能力特征主要包括：强烈的好奇心和求知欲，较强的创新意识，敢为天下先的创新精神，锲而不舍的钻研精神，积极进取、精益求精的工作态度，崇高的社会责任感，积极的民主参与热情，高度的自信与积极进取的心态等。具备了创新素质的人就具备了创新观念、创新认识、创新个性等方面的修养，并通过观念、行为、精神、个性等表现出来，这是创新素质的最根本内容。具有这样特质的人，就会爆发出强大的创造力，最终成为创新型人才。

1. 创新意识的树立

创新意识是指人们根据社会和个体生活发展的需要，引发创造前所未有的事物或观念的动机，并在创造活动中表现出的意向、愿望和设想。它是人类意识活动的一种积极的、富有成果的表现形式，是进行创造活动的出发点和内在动力，是创造性思维和创造力的前提。

高职院校学生只有树立了创新意识，具有不断探索创新的兴趣和欲望，才能在解决新问题的过程中，勤于思考，求新、求异，善于发现问题，敢于否定以前的观点，大胆地提出疑问，转变传统观念和方式方法，从创新的角度解决问题，并能面对新的形势和挑战，不断运用创新的手段和方法处理新矛盾、新问题。

2. 创新思维的训练

创新思维是指发现一种新方式，并以此处理某种事物的思维活动，它是整个创新活动智力结构的关键，是创造力的核心。创新思维的明显特征有积极的求异性、敏锐的观察力、创造性的想象、独特的知识结构、活跃的灵感。这种创新思维能够保证高职院校学生顺利地解决新问题，深刻地掌握知识，并把这些知识广泛地运用到学习新知识的过程中，使学习活动顺利完成。进行创新思维的训练，能够使学生在进行思维活动时冲破一般思维和传统思维的束缚，不被已有的结论所左右，在实际工作中能对事物进行创造性的判断、分析、综合和推理。只有具备创新思维的人才，工作中才会思路多、方法新、效率高，才会受用人单位的青睐。

3. 创新能力的培养

创新能力是人们革旧图新和创造新事物的能力，包括发现问题、分析问题、发现矛盾、提出假设、论证假设、解决问题以及在解决问题的过程中进一步发现新问题的能力。

创新能力涉及一个人的多种能力，如认识能力、观察能力、记忆能力、模仿能力、思维能力、判断能力、分析能力、想象能力、实验能力、自学能力、吸收知识能力、信息能力、协调指挥能力等，是一个人综合能力的具体体现。因此，这就需要高职院校在培养学生创新能力时，对组成创新能力的各种相关能力进行全面培养，使多种能力协调发展，最终形成创新素质，全面提高高职院校学生的创新能力。

（三）高职院校学生创新素质的培养目标

培养创新能力是社会发展的必然要求。联合国教科文组织指出，教育的使命是要赋予每个人以创造性。知识产权保护使创造性能力备受重视，发达国家较早意识到创新教育的重要性。美国教育已向培养创造型人才转变，注重培养学生的综合实践能力、动手能力，制定学生的创新能力标准；日本将学生创造力的培养作为教育目标，使教育成为打开创造力大门的钥匙，引导学生关心和研究社会问题。

企业需要产品技术的创新、管理理念的创新、产品营销策略的创新和多元文化思维的创新，因此要求高职院校学生必须具备这些创新能力。目前在我国，过于严谨、思维定式、从众心理、信息饱和等因素制约了高职院校学生创新素质的培养。高职院校可以通过以下途径培养学生的创新素质。

1. 营造良好的环境氛围

高等职业教育应利用第二课堂，营造一种平等、民主、积极进取、奋发向上的学习氛围。通过社会实践，发展学生的个性，培养学生的竞争意识、合作意识，敢于尝试、不怕失败的勇气，以利于培养学生发现问题、分析问题、解决问题的能力，发展创新思维。

（1）要成立各种兴趣小组和社团

学生对某个感兴趣领域的东西投入时间和精力去研究，创新素质就有可能得到自主培养。在集体活动中，个体间通过相互沟通和交流，可以互相促进，互相启发，这对创新能力的培养非常有益。

（2）高职院校要尽可能多地举办学术讲座和大学生学术论坛等活动

学术讲座和学术活动可以开阔学生的视野，培养学生的兴趣，活跃学校的学术和创造氛围，引导学生走上求新、创新之路。

2. 树立创新教育观念

高等职业教育必须以人为本，树立现代创新教育观念，即要改善教育环境，营造民主气氛。在教育观念上要体现三个转变：一是要从传授知识为主转向培养学生会学习和创造为主；二是要从以教师为中心转变为以学生为中心；三是教师要有创新思想和创新意识。

创新意识的形成，有赖于长期综合性的陶冶与熏染，民主、自由、和谐、安全的精神环境，是创新素质成长不可或缺的养料与气候。只有在民主氛围当中，才会有人格的自由与舒展，才会有思维的活跃与激荡，进而才会有创新潜能的迸发。从某种意义上说，民主的精神氛围不仅是创新教育的必需条件，而且其本身就是最有力的创新教育。营造民主气氛可以从两个方面入手。

（1）管理体制体现民主

大学生既是学校教育和管理的对象，又是学校的主人，因此，应充分调动学生参与学校管理事务的积极性，鼓励学生参加有关学校教育管理决策的讨论和决定。这样既可以增长学生的才干，又能充分发扬民主精神，提高学校管理工作的成效。学校在专业设置和课程设置方面既要满足经济社会发展的各种需要，又要迎合学生的多样化职业兴趣。

（2）教学模式体现民主

根据知识经济时代对人才的要求采用多样化的学习方式，其中包括：自主学习、合作学习、探究性学习和研究性学习，提高教师队伍的整体创新素质，实现教师由课程的执行者向建设者和调适者的拓展，教师要从传授者和管理者向促进者和引导者转变；要放弃对教学过程的严格控制，让学生舒展天性，生动活泼地成长发展，让教学过程成为培育学生科学精神和创新素质的过程；淡化书本权威和教师权威，鼓励学生自由思考、自主发现，着力培养学生质疑和提问的习惯；要摒弃统一思维、统一语言、统一行动的强制性教育方式，鼓励个性和独特，宽容探索中产生的错误和荒诞，培养学生标新立异、敢为人先的勇气。

总之，通过大力弘扬创新精神，创造自由宽松的学习氛围，建立动态的、开放的教学过程，引导学生走向自主创新型学习之路；通过科学系统的训练来培养创新能力，教给学生“点金之术”，培养学生的观察力，保护与开发想象力、联想力和处理信息的能力，塑造学生的创新型人格，提高学生的创新素质。

第二节　教师职业道德与教学修养的改革创新

教育大计，师资为本；师资之本，师德为先。高校师德建设事关高等教育的成败，关乎高校的改革、发展、稳定，进而影响全社会公民道德建设和经济社会发展。当前，加强和改进高校师德建设，是高校面临的一项重大而迫切的任务。

一、加强高等职业教师职业道德建设的必要性

高等学校在社会发展中应当发挥引领先进文化方向和社会道德潮流的示范作用。高职教师的价值取向、精神风貌和综合素质直接影响着大学生的素质和高等教育的质量。学高为师，德高为范。因此，加强高校师德建设，在当前这个复杂的社会转型期，尤显必要。

（一）加强高职师德建设，是实践当今新时代思想的要求

高职院校教师承担着培养适应社会主义市场经济发展所需要的创新型、应用型人才的任务，必须而且应当能代表当今时代可能达到的文明及道德发展的最高水准。因此，学习和实践当今新时代重要思想是时代发展之需，是高职教师职业之需。首先，建设高素质的高职教师队伍，培养高素质的人才，是实现先进生产力的关键要素；其次，高校作为先进科技文化基地，有高素质师资队伍才能引领先进文化方向；最后，中华民族有尊师重道的传统，教育担当着民族振兴和培养人才的社会重任。高职教师必须提高自身素质，加强师德修养，不负人民厚望。

（二）加强高职师德建设，是实施“以德治校”的中心环节

实现中华民族的伟大复兴，关键靠教育，而科教的繁荣需要良好的道德氛围，要把“依法治国”和“以德治国”结合起来，实施“以德治国”方略。高校落实“以德治国”方略就是以德治校、以德治教、以德育人。良好的师德是形成良好道德风气的关键和基础。

加强高校师德建设，是高校道德建设实现“以德治校”的源头性工程。高职教师以身作则、率先垂范、以德育人，是培养品德优良学生的前提；而师生道德共建，又是“以德治校”的前提和内容。因此，加强高校师德建设，是实现“以德治校”的中心环节和构建和谐校园的重要举措。

（三）加强高职师德建设，是推进素质教育的关键

素质教育的关键是要坚持科学发展观，坚持以人为本。高校要以大学生为本，探索教育的基本规律，坚持科学的教书育人方法。古人云：“经

师易得，人师难求。”高校应以优良的校风来熏陶人，高校教育面对的是价值观念虽已初步形成但尚未成熟的群体，在大学生人生观、价值观的成熟过程中，高职教师起着关键性的作用。在道德建设中，教师应当言传身教，要想学生之所想，急学生之所急。

（四）加强高职师德建设，是提高办学水平的需要

师德建设是高校办学目标的一项重要内容。高校除了教学、科研两项工作外，还要做好学生和教师工作；除了注重教师专业素养，还应提升教师道德修养，良好的学术道德和师德师风是学术和科研的温室，良好的师德水平是高校建设所追求的目标，同时也是高校办学成效和实力的重要标志。因此，高校不仅应是学术和科研的圣地，更应该是良好的学术道德和师德师风的圣地，加强高校师德建设，是建设良好校风、提高办学水平的要求。

（五）加强高职师德建设，是教师全面发展的根本要求

教师的全面发展包括师德、专业、心理、身体、审美等诸方面的协调发展和共同提高，其中师德起着方向性、导向性的作用，它直接影响着教师的全面发展。高职教师要有所作为，实现自我价值，师德是各方面条件之首。只有做到德行双馨，才能为社会所承认，也才能实现自身的价值。职业幸福感、满足感是教师全面发展的一个重要指标。只有发自内心地爱岗敬业，把教书育人作为一项创造性的劳动，才能在工作中获得成就感、满足感和职业幸福感。

二、加强高职院校师德建设之对策

（一）建立健全高职师德建设调控机制

建立在现代控制论基础上的教育控制论认为，人们可以对教育系统的各个环节进行控制，以达到最优教育目标。高校师德建设是一项系统工程，也应遵循控制论思想，要对影响师德建设的系统内外因素和诸多环节进行控制，从而达到师德建设的预期效果。而在此系统的控制中，应当建

立和运用领导选拔、评价、激励、监督等有效机制，构建若干子系统，细化调控机制。

（二）优化高职师德建设环境

环境是影响教育发展的外在制约力量，教育与环境相互影响、相互制约。教育发展只有适应环境改变，争取环境支持，才能与环境和谐共进。师德建设也时刻受到环境的影响和制约，环境影响因素尤其复杂多样。高校师德建设，要置身于国内外政治、经济和文化大环境，服从于高校教育改革小环境。因此，必须加强师德环境建设，实现师德建设与环境协调共进的可持续发展。

（三）提高高职师德教育工作的实效性

提高高职教师师德教育工作的实效性可以从以下几个方面入手。

1. 强化师德理论教育

要提高教师的思想政治素质，帮助教师树立正确的职业理想和信念，加强法制教育，严格依法执教。

2. 重视心理健康教育

高校师德建设要遵循心理发展规律，加强心理疏导。一是要高度重视教师的心理健康教育；二是有关部门应采取切实措施，有效缓解教师压力；三是协调教师人际关系，营造良好的人际氛围，使教师乐于并善于与人交往，妥善化解各种矛盾，和谐人际关系。

3. 深入开展荣辱观教育

高职教师承担着培养社会主义事业建设者和接班人的神圣使命，理应成为践行社会主义荣辱观的时代楷模。高校应通过有效工作手段使广大教师在思想上认同、在教育中传播、在教学科研中实践社会主义荣辱观。

4. 重视青年教师师德教育

高等学校应该像重视学生工作那样重视青年教师的师德教育。首先，树立为青年教师成长和工作服务的师德建设观念；其次，要加强对青年教师理想信念和人生观教育；最后，不仅要关注青年教师的业务素质和能力的培养与提高，同时也要关心他们的思想成长、文化生活、婚姻恋爱乃至个人生活细节等。此外，还要激发青年教师热爱教育、敬业奉献的精神，提高其师德修养的自觉性，坚持自我修养、自我规范、自我约束、自我发展。

5. 创新师德教育的方法和途径

（1）要拓宽师德教育的渠道和空间。如开办名人教育讲座，创办师德教育咨询团体，发挥老教师的“传帮带”作用，健全师德教育机构，建立师德建设基地，鼓励社会参与校园师德建设，借鉴中外师德教育经验等。

（2）强化隐性教育途径，提高道德认知水平。

（3）建立师德教育网络阵地，构建网上师德建设新平台，使网络成为师德教育的新载体。

（四）高职教师应自觉加强师德修养

1. 要善于学习

学习是师德修养的基本方法。善于学习，才能学有成效，才能逐步提高道德认识水平和道德判断能力，将外在道德要求内化为自身的道德信念和追求。首先，要加强政治理论、教育理论、师德理论的学习；其次，要学习伦理道德知识，学习《公民道德建设实施纲要》及高校师德规范，向书本、实践、同行或先进人物学习；最后，要学习业务知识和理论，将理论知识和道德规范内化为自身的优秀品质，提升师德水平。

2. 要时常内省

内省即对自己的思想、行为作自我剖析，找出不足之处加以改正和弥补。强调内省就是强调师德修养的自觉性和严格性。著名教育家杨昌济先生就十分注重内省，他经常用日记的形式反省自己：“自省平时行事实多粗暴，不能近人情，多所伤害，乃不德之尤，岂不可惧!”“余在教室，间有失检之处，为徒所笑……此后当于此处格外留心。”这种自省不仅能够使职业道德观念真正进入教师心中，增强道德意识，而且能培养教师良好的个性品德。

3. 要能够慎独

慎独不仅是一种道德修养方法，而且是道德修养应该达到的境界。作为道德修养的重要方法，慎独倡导人要严格要求自己，坚持在“隐”和“微”处下功夫。慎独对于高职教师尤为必要，高职教师的劳动很多都是独自在个人空间完成的，没有慎独精神，就谈不上成就事业。

4. 要注重实践

（1）教育实践是优秀师德产生的土壤。教师职业道德的原则和规范都源于教育实践。只有紧紧抓住教师教育、教学、科研、社会服务等每一个实践环节，师德修养才能找到根基和支点。离开具体的教育实践，师德修养就失去了根基。

（2）教育实践是师德修养的归宿。师德修养本身不是目的，师德修养的最终目的在于指导和服务实践。学、问、思、辨最终都回归到笃行上，通过实践得以不断完善。

（3）教育实践是检验师德修养客观效果的标准，师德修养只能在教学科研中体现，只能靠教育实践去检验。

（4）教育实践是师德修养发展的动力。只有通过教育实践，教师才能真正感受到教育中的各种新情况、新问题；只有通过教育实践，才能找到解决问题的途径和方法。师德修养也只有在不断地发现问题、解决问题的过程中，才能得到更新和提高，才能实现师德境界的升华。

第三节　师资队伍建设与发展的改革创新

当前，我国高等职业教育已进入快速发展的关键时期，必须以科学发展观为指导，抓住机遇，迎接挑战，采取切实有效的措施，开创高等职业教育人才培养工作的新局面。高等职业教育师资队伍建设要促进高等职业教育的持续、快速、健康发展，更好地为富民强国和“两个率先”服务，就必须在人才培养工作的创新上下功夫，建设一支适应高等职业教育发展需要的高素质的师资队伍。

一、高等职业教育培养的人才应以实用型、技能型为主

从目前全国劳动力市场情况看，技能型劳动者供不应求，供需之间结构性短缺矛盾已成为制约我国产业发展后劲的瓶颈。人力资源是决定产业发展水平的关键因素，没有高技能人才就不可能实现产业优化升级，就没有发展后劲。因此，大力发展职业教育，培养社会生产一线急需的高技能人才，是提高我国综合竞争力的迫切需要。为了适应和满足对一线技能型人才的需要，高职院校应加大高职学生五大能力的培养，即具有较强的工程实践能力、解决实际问题的能力、创新能力、现场指挥协调能力、动手操作能力，以使他们能够适应生产一线工作岗位的需要。

二、创新型、实用型人才的培养需要高素质的“双师型”高职师资队伍

高等职业教育培养的是实用型、技能型人才，而这些人才的出现要靠具有较高实践能力的教师来培养，高职院校师资队伍的建设是高职专业建设的人才保障。

（一）对高职师资队伍整体的素质要求

新时期高职院校应建设一支师德高尚、业务精湛、素质优秀、结构优化、技术过硬、生产懂行、专兼结合、勇于创新的“双师型”师资队伍。这既体现了高等职业教育师资建设的特征，又是高等职业教育培养创新型、实用型人才的关键。“双师型”教师应既具有高教系列中级以上职称，具有传授知识、教书育人的能力，同时具有本行业技术系列中级以上职称，具有较强的专业素质、职业技能和实践能力。对此，教育部明确规定，高职院校的“双师型”教师应逐步达到专业教师及专业基础课教师总

数的70%以上。

（二）对高职师资个体素质的要求

高素质“双师型”高职师资队伍建设对个体素质的要求包括六个方面。

1. 具有强烈的事业心和责任感

高职教师应具有执着的敬业精神、高尚的道德和人格魅力，以自己远大的理想、宽阔的胸怀、高尚的品德、渊博的学识和精湛的教学技艺教育和培养学生，以身作则，为人师表，成为学生增长知识和思想进步的指导师，强化大学生的政治意识和责任意识的训练师，促进大学生理想信念教育的雕刻师，加强大学生心理健康成长的保护师。

2. 具有现代教育理念和教育方法

培养实用型人才，对高职教师来说，就是要冲破传统的“学科型”人才培养观念，建立以“能力为中心”的新的人才培养理念，培养学生的工程实践能力、动手能力及解决实际问题的能力等。同时，还要树立“以人为本”的理念，以学生为中心，充分体现“一切为了学生，为了一切学生，为了学生的一切”的服务观念。在教学方法上，要冲破传统的依靠一张嘴、一支粉笔、一块黑板的“填鸭式”教学模式，克服教学过程中教师只充当定型知识的传声筒、既定思想及内容的供应商、照章行事而毫无创见的盲从者；要克服灌输式的教学方法，提倡少讲多悟的启发式教学方法；要鼓励学生提出新观点、新思路，寻求多选择的解决问题的方式，形成开放式的思维态势，使思维具有深刻性、广泛性和全面性。

3. 具有探索和创新的能力

高职院校教师应当成为教学目的的实现者、教学活动的组织者、教学方法的探索者和教学活动的创新者。高职教师只有具备了这些能力，才能培养出高素质的实用型人才，才能使他们在生产、建设、管理、服务第一线成为生产技术的管理者、技术标准的执行者、技术措施的处理者以及技术革新的推行者和创造者；只有具备了一定的创新能力，才能教会学生如何去创新、如何去组织、如何去管理，也才能不断提高学生的创新能力和创造性思维。

4. 具有较强的实践技术服务能力

高职教师必须既具有广博的专业基础理论知识，又具有丰富的实践经验；既是学生理论课的教师，又是学生实践课的师傅，同时还要具有足够的实践技能，手把手地帮助学生解决实际问题。

5. 具有较强的组织和管理能力

高职教师必须具有较强的组织和管理能力。高职教师应既是理论课的施教者、实验实训课的指导者、产学研结合的开发者，又是学校管理的参与者，只有这样才能培养出适应社会需要的实用型、技能型人才。

6. 具有运用现代化教学手段的能力

高职教师必须具有运用现代化教学手段的能力。科学技术的进步，信息高速公路的出现，为广大教师的教学提供了多元化的教学手段。采用计算机多媒体等设备辅助教学，能大大提高课堂理论教学和实验实践教学的效果。

三、高素质“双师型”师资队伍建设需要培养举措的创新

对照实用型、技能型人才培养对高职师资素质提出的特殊要求，目前，有相当一部分高职院校在师资队伍建设方面存在较大的差距。主要表现在以下几个方面：一是师资队伍的结构不尽合理，师资的数量严重不足；二是师资的学历层次偏低，高学历、高职称的教师偏少；三是公共课、专业课和实习指导教师的比例失调；四是具有专业发展能力的带头人和中青年骨干教师匮乏；五是教师综合素质亟待提高；六是“双师型”教师数量偏少，实践能力较低。

高职院校建设一支适应实用型、技能型人才培养的高素质“双师型”师资队伍，必须创新培养模式，努力建设开放性的高职师资的培训体系，采取切实措施，加速建设高素质的师资队伍。在队伍建设中应采取多方面

的对策与措施。

（一）坚持师资建设的长期规划与短期培训相结合

师资建设要有5~10年的长期规划。师资规划要根据学校的总体定位、专业设置、办学规模、人才培养规格及办学特点等方面，合理制定师资队伍建设的5~10年长期规划，从而使师资队伍在数量、学历、职称、知识及能力等方面的结构与学校事业的发展相适应。同时，要根据师资建设的长期规划和学校师资队伍的现状，提出每年分项的培训计划，以使师资建设规划得到切实落实。

（二）坚持校内培训与校外培训相结合

高职院校要充分利用校内实训基地和课堂教学等条件，抓好教师的校内在职培训，并要做到“五个结合”：一是师资培训要与校内教育技术的改善结合起来，注重学校教育基地和教学设施的建设；二是师资培训要与更新教学内容、教材改革及课堂教学改革结合起来，创出高等职业教育特色；三是师资培训要与校内督导评价结合起来，巩固高等职业教育特色；四是师资培训要与教学、科研工作结合起来，增强培训的实效性；五是师资培训要与人才资源库的建设结合起来，构筑“双师型”教师任用、培训和引进的平台。

在校内培训解决不了的情况下，可积极开展校外培训。可以选送一些青年教师到国内重点大学进修基础理论知识，充分利用这些优秀高校的先进设备和优秀教师，提高高职院校青年教师的业务知识水平。

（三）坚持学历教育与继续教育相结合

高职院校应鼓励青年教师在职攻读研究生学位，提高师资队伍的学历层次，同时注意抓好教师的知识更新培训，加强教师计算机技术及应用能力的培训和外语培训，提高他们的语言应用能力。

（四）坚持理论知识培训与实践能力培训相结合

在对青年教师的培训中，首先要帮助他们过好教学关，使青年教师熟练掌握专业课程的理论知识，学校要建立健全青年教师从事助教的工作制度，充分发挥老教师对青年教师的“传帮带”作用。在加强理论知识培训的同时，还要加强实践能力的培养，有针对性地选送教师到国家和各省确定的高等职业教育实践培训基地去进修。

（五）坚持全面提高与骨干培训相结合

师资队伍建设中要全面提高广大青年教师的业务素质、教学水平和教学业务能力，加强对教师的普通话、计算机和外语培训，提高教师的业务素养，鼓励和组织动员广大青年教师参加教育技术的培训，提高他们运用现代教育技术的能力。在普遍提高教师业务素质的同时，还要重视骨干教师和专业带头人的培养。高等职业教育的专业建设是学校的重要基础建设，而专业建设需要有一批德才兼备、学术和技术水平双优并有一定组织管理能力的专业带头人。一个好的骨干教师和专业带头人可以凝聚一支教学科研队伍，培养和带动一支素质较高的师资团队。

因此，加强和重视骨干教师和专业带头人的培养是高职院校提高专业建设水平、创办专业特色的关键，也是师资队伍建设的重点。

（六）坚持提高教师的教学水平与科研能力相结合

对于从事高等职业教育的教师来说，教学水平、教学能力的高低是其能否承担并完成教学任务的决定性因素。因此，青年教师要承担教学任务，就必须通过各种方法、各种渠道、各种手段学习进修，努力提高自己的教学水平和教学能力。高职院校教师除了要有较高的教学水平外，还要不断地提高自己的科研水平。教师不仅要教好书，还应是科学研究的参与者、组织者、设计者和创新者。高职教师要积极参与教学研究，积极从事自然科学、社会科学的创新研究。

（七）坚持提高教师的政治人文素质与强化教师的“双师素质”相结合

高职教师应当加强自身的师德修养：应当把教书育人、为人师表作为从事教育工作的基本道德准则。德高为师，身正为范，没有德高望重的教师就培养不出品学兼优的学生，因此，加强教师的师德建设尤为重要。学校要长期把“学规范、强师德、铸师魂”当作师资建设的灵魂，进一步明确教师的职责，培养教师的敬业精神，增强教师的责任意识，强化教师的育人观念，使教师能够以完善的人格力量来影响和教育学生同时，还要加强高职教师人文精神的教育。人文素质是教师的必备素质，它对人的价值观、思维方式、情感动力、灵感与顿悟方面有深远的影响。老师要把握好新时代中国特色社会主义思想的世界观和方法论；要执着于教书育人，有热爱教育的定力、淡泊名利的坚守；有理想信念、有道德情操、有扎实学识、有仁爱之心。

高职教师不仅要有较高的政治、人文素质，还应具备较高的“双师素质”，“双师型”教师队伍是高职院校师资队伍建设的目标和特色，是提高教育质量、办出高职特色的关键，也是培养高素质技能型人才的根本保证。加强“双师型”师资队伍建设可以有以下几个途径。

（1）加强对现有高职教师的培训

学校可以有计划地组织专业课教师深入生产一线进行业务实践，参加企业的科研研究。同时可以选派骨干教师到相关企业挂职，使他们边实践边学习掌握新的技术和管理规范，提高自己的实践能力，把行业和技术领域中的最新成果不断引入课堂。

（2）走产学研结合的路子，培养和造就“双师型”师资队伍

学校要加强与行业、企业及科研院所的联系，建立产学研基地，让教师积极参与技术攻关和产品研发，有条件的院校也可以利用本校技术力量开展科技服务或兴办校办产业，在产学研结合的过程中，提高教师的专业水平，培养教师的创新能力和技术应用能力。

（3）加强“双师型”师资队伍建设

招聘具有“双师素质”的专业技术人员和管理人员担任兼职教师或客座教授，以利于促进高等职业教育的教学改革，加强实践性教学环节。突破现行人事管理制度的制约，引进一些企业的技术人才到教学岗位上，加快“双师型”师资队伍的建设。

（4）鼓励教师深入企业一线

在高职院校的专业课教师中实行访问工程师进修制度，让教师深入到专业对口的行业或企业一线，以挂职、合作研发等多种形式，系统掌握整个业务技术流程，强化实践技能。

（5）加强教师技能培训

积极鼓励教师参加技能培训，并给予相应奖励，对新引进的青年教师，要求他们在一定时间内取得中级以上技能等级证书及相关国际、国内行业认证的系列证书。

（八）坚持教师的教学工作规范与业绩考核晋升相结合

高职院校要建立健全教师教学工作规范，完善并贯彻教师的教学工作制度，学校和系（院部）要建立听课评课制度，引导广大教师把主要精力投入教学工作之中。在执行教师教学工作规范的同时，还应加强对教师教学工作业绩的考核，加强对教师教学工作的督导和测评，建立教师教学业绩与职务晋升、收入分配紧密结合的机制和教学奖励制度，大力表彰在教学一线特别是基础课教学工作中作出突出贡献的优秀教师。

（九）坚持国内培训与国际培训相结合

高职教师的培训工作应坚持以国内培训为主。青年教师基础理论知识的培训、继续教育的培训、实践能力的培训等方面应坚持以国内培训为主，可派出教师到国内知名高校及教育部确定的实践实训基地去接受培训；少数骨干教师或专业学科带头人，可以选送到国外相关院校学习进修，考察了解相关专业国际前沿的发展动向，进一步促进专业建设。

第六章

高等职业教育国际化发展

第一节　高等职业教育国际化发展的理论基础

一、系统理论

关于系统的含义有多种，而系统的一般定义是指能够描述各种系统共同特征的含义。通常把系统定义为：由若干要素以一定结构形式联结构成的具有某种功能的有机整体。该定义包括了系统、要素、结构、功能四个概念，表明了要素与要素、要素与系统、系统与环境三方面的关系。

系统论是研究系统的一般模式、结构和规律的学问，它研究各种系统的共同特征，用数学方法定量地描述其功能，寻求并确立适用于一切系统的原理、原则和数学模型，是具有逻辑和数学性质的一门新兴科学。系统理论认为，整体性、关联性、等级结构性、动态平衡性、时序性等构成了所有系统的共同基本特征。

系统理论的基本思想就是把所研究和处理的对象当作一个系统，分析系统的结构和功能，研究系统、要素、环境三者的相互关系和变动的规律性，并运用系统观点看问题。该理论认为系统是普遍存在的，世界上任何事物都可以看成一个系统。其核心思想是系统的整体观念。任何系统都不是各个部分的机械组合或简单相加，而是一个有机的整体，系统的整体功能是各要素在孤立状态下所没有的特质。系统中各要素在系统中都处于一定的位置上，起着特定的作用；每个要素不是孤立地存在着，而是整体中的一部分，当要素从系统整体中割离出来，它将失去要素的作用。系统观念正渗透到各个领域，系统论也为解决现代社会中的政治、经济、军事、科学、文化等方面的各种复杂问题提供了方法论的基础，反映了现代科学发展的趋势，其理论和方法正在得到广泛的应用。

研究系统的目的在于调整系统结构，平衡协调系统内部各要素之间的关系，使系统运动达到优化目标。系统论的任务不仅在于认识系统的特点和规律，更重要的还在于利用这些特点和规律去控制、管理、改造或创造系统，使它的存在与发展合乎人的目的需要。

当前，随着社会经济的发展和科学技术的进步，在全球经济一体化和“一带一路”倡议的背景下，在中国高等职业教育国际化改革进程中，认识其复杂的管理形态和改革趋势，需要运用系统的观念，处理高等职业教育国际化进程中的各项改革。基于系统的整体性视角，高等职业教育就是一个完整的大系统，而各个国家的高等职业教育是这个大系统的有机组成部分，它们共同构成一个有机的整体。在国外高等职业教育国际化不断改革完善的当代社会，中国高等职业教育改革必然不能与整个系统分割开来，中国高等职业教育国际化改革势在必行。

因此，本书综合运用系统理论，将中国高等职业教育国际化置于世界高等职业教育国际化大系统之中，树立全球化视野的中国高等职业教育国际化理念，认识国际化进程中的风险、面临的机遇与挑战、国际化发展的重点内容，将中国的高等职业教育课程国际化、学生培养国际化、教师交流国际化、教学资源国际化置于中国高等职业教育整体国际化大系统；将中国高等职业教育国际化战略目标、运行机制、宏观调控、外部环境优化置于中国高等职业教育国际化战略对策大系统，正确客观地评价中国高等职业教育国际化进程中的各项活动，提出相应的对策以推动中国高等职业教育国际化进程。

二、国际教育服务贸易理论

从经济学观点来看，在市场经济条件下，高等职业教育属于国民经济中的第三产业。各个高职院校是在教育产业中从事服务性商品生产的机构，它们生产高等职业教育服务产品并以一定的价格销售给消费者即学生。在当今社会，越来越多的社会机构尤其是企业看到高等职业教育市场发展的巨大潜力，开始向传统高职院校形成挑战，纷纷参与到高等职业教育办学活动中，其所办高职院校多冠以母公司之名，称之为公司大学，有的称之为混合型或股份制高职院校。

高等职业教育作为一种特殊的服务贸易，作为一种特殊的生产活动，比较优势理论对其也是适用的。从国际贸易的供需构成来看，影响一国贸易比较优势的要素有两个，即供给者的要素禀赋和消费者的偏好。

中国经济的可持续发展、高等职业教育资源充足的投入，为中国高等职业教育国际化提供了服务贸易的比较优势要素，而消费者的偏好吸引着来自全世界的留学生。作为发展中国家，我国加入 WTO 所制定的服务贸易文件规定对教育服务的承诺是部分承诺，即在军事、警察、政治和党校等特殊教育领域和义务教育领域不对外开放。除此之外，我国在初等、中等、高等、成人教育及其他教育服务 5 个项目上作出承诺，许可外方为我国提供教育服务。至于具体承诺，我国对“跨境交付”未作承诺，如果作出承诺，外国教育机构就可以通过广播、电视、计算机网络等远程教育手段来向中国学生提供教育服务。我国对出国留学一贯采取“支持留学、鼓励回国、来去自由”的方针，这表明了我国政府的一贯立场；对“商业存在”，只允许设立合营企业，但允许外资控股，也就是说，允许中外合作办学，允许外方获得多数所有权，但没有承诺给予外方国民待遇，不允许外国机构单独在华设立学校及其他教育机构。从 WTO 文件条款来看，我国教育服务市场的开放主要在高等职业教育，作为“商业存在”的中外合资办学，只能进入非义务教育领域。而在非义务教育中，目前教育服务的市场主要在高等职业教育或者与高等职业教育相关的教育（如高中教育、大学后教育）。作为“自然人流动”的教育服务，除外语教学外，也主要集中在高等职业教育领域。所以，尽管我国的教育服务市场并没有完全开放，但加入 WTO 对中国高等职业教育而言，的确是面临挑战与机遇并存的局面。国际教育服务贸易理论作为高等职业教育的主要理论，构成本书重要的理论基础之一。

三、高等职业教育发展阶段理论

纵观中国高等职业教育国际化发展的历程，高等职业教育国际化发展经历了三个阶段，即传统发展观、整体性发展观、可持续发展观。

传统的高等职业教育国际化增长是指高等职业教育国际化在数量指标上的增长，即高等职业教育系统中各子系统及其生产要素的规模在原有基础上的扩大及其总规模的增长，包括高等职业教育国际化规模的扩展、速度的加快，是一种数量型的扩张。

进入 21 世纪，随着信息技术的推广与普及，中国的高等职业教育国际化获得了快速发展。我国不断吸收和借鉴发达国家高职院校一切有益的先进科学文化知识和成功教育经验，扩大国际高等职业教育以及科学、文化、技术方面的交流与合作，增加高等学校间的学者和学生互派，加强办学和学术方面的交流，中国高等职业教育国际化进入整体发展阶段。

在 21 世纪知识经济时代，人的知识结构必须不断适应经常变动的经济结构、产品结构。当今，中国的高等职业教育正在形成“终身教育”理念及其教育体系，这样的高等职业教育将贯穿于人的一生。加入世界贸易组织以后，中国学生的职业选择无论在国内还是国外都更加广泛，他们对跨学科知识交融的能力要求更高，对高等职业教育的需求也随之而来。随着国民生活水平的提高，国民的价值观也有了新的变化，逐步从追求物质享受转向追求精神享受、文化教养的充实与提高。因此，除确立终身教育观念外，政府和教育部门倡导高等职业教育可持续发展观，并且采取一系列高等职业教育国际化的战略措施，进行高等职业教育大众化、终身化、国际化改革，以满足人们对蒸蒸日上的高等职业教育的不断需求。由此，中国的高等职业教育国际化开始步入可持续发展阶段。

四、组织变革理论

组织变革是指组织依据外部环境和内部情况的变化，及时调整并完善自身结构和功能，以提高其适应生存和发展所需的应变能力。开放系统理论是组织变革理论中的基础理论之一，成为组织研究领域的主流。20 世纪 60 年代，开放系统理论作为观察和研究组织与环境的新方法标志着组织系统理论的发展，极大地促进了组织理论研究的繁荣。在中国高等职业教育国际化这个组织体系中，具备构成组织结构变革模式的结构、任务、技术、人群四个变量。

（一）高等职业教育国际化的结构

在高等职业教育国际化中各个成员间的权益划分、国际化的管理层次的设置、本土与国外教育文化的沟通交流与合作情况、国际化交流与合作的工作流程等构成了结构变革的要素。

（二）高等职业教育国际化的任务与使命

在经济全球化背景下，不仅要为中国本土培养人才，而且要为社会培养具有国际视野的创新型人才，这是中国高等职业教育在特定时期所承担的使命。

（三）高等职业教育国际化的技术

为顺利完成中国高等职业教育国际化改革，对于国际化进程中的风险以及重点领域改革所采用的方法、风险规避策略则是这一组织达到目标与完成任务的技术保障。

（四）高等职业教育国际化的人群构成

为实现中国高等职业教育国际化的顺利发展，需要中国高等职业教育管理部门、高等院校、高校科研和教育工作者以及在校学生各方的共同努力与合作，以上群体是实现中国高等职业教育国际化的主力与主体。

研究中国高等职业教育国际化，将中国的高等职业教育事业看作一个整体组织，这个组织不是孤立存在的，而是与特定的环境相联系、相互作用，不断地与国内外经济、政治、文化等发生着交流与转换。中国的高等职业教育作为一个系统组织，它伴随着世界经济文化的变化而发生变革。从历史的角度看，中国高等职业教育的国际化过程是与时代发展的客观要求相适应的，同时又是知识系统领域组织变革的结果，是中国人民不断学习、与时俱进、放眼世界、不断追求、超越现实、迎接挑战的过程。根据开放系统组织变革理论，中国高等职业教育在世界经济巨变的背景下，必须以制度创新与组织创新为根本策略，规避国际化进程中的风险，有针对性地选择高等职业教育国际化模式。

第二节　高等职业教育国际化发展的动因分析

一、高等职业教育的属性决定了其国际化的必然性

在我国高等职业教育经历了从规模发展到内涵发展的重大历史阶段后，高等职业教育的地位与作用日益凸显，关于高等职业教育的“类型”与“层次”之辩也日益明晰。无论是学术界还是实践界，都逐渐认同高等职业教育是类型中的层次这一观点，即作为一种独立的教育类型，职业教育可以拥有自己的纵向发展空间，如初等职业教育、中等职业教育、高等职业教育。其中，高等职业教育又可以有专科层次、本科层次和研究生层次，当然，“服务第一线”这一宗旨是不变的。高等职业教育有着鲜明的时代内涵，其所处的外部环境、组织形式以及学科内涵（专业）都与普通高等教育有较大区别。高等职业教育具有“三重属性”，即高等性、职业性和教育性。高等职业教育的这三重属性，内在地决定了高等职业教育必然走教育国际化的发展道路，而这条发展道路又必然是高等职业教育“三重属性”的特有体现。

（一）高等性：高等职业教育的时代属性

高等职业教育是职业教育类型的高级阶段，它以培养技术技能人才为

目标，在人才培养层次上有别于中等职业教育。基于此，高等职业教育属于高等教育的层次，必然要走国际化的道路才与其“高层次”的属性具有适切性。

在经济全球化和教育国际化的背景下，随着各国经济合作及人才跨国流动的增加，学校之间国际合作办学已经成为职业教育国际合作的重要途径。可以看出，国际化是当前和今后高等教育发展的必然趋势，高等职业教育既然属于高等教育之列，就必然具有国际化的职责；也只有通过高等职业教育的国际化，才能提升高等职业教育自身的教育水平。

（二）职业性：高等职业教育的本质属性

职业性是高等职业教育的类别属性，也是职业教育有别于普通教育的特有属性。从世界各国科学技术的发展趋势来看，为了提高本国的科技竞争实力，世界各国纷纷通过科技人才的国际交流，学习国外先进的科学研究方法，掌握国际科技发展的最新动态和信息，提高本国科学研究的起点；通过引进国外的先进仪器设备和先进技术，改变本国科学研究的落后状态，在研究方法和研究手段方面与国外接轨；在一些大型的科研项目上直接开展国际合作。

可以看出，高等职业教育的职业属性决定了其与经济发展关系的直接性。因而高等职业教育的发展水平、发展层次直接影响着经济发展的水平和层次。然而，中国的产业结构难以从劳动密集型向技术密集型转变，这是多种因素共同作用的结果，其中人口压力是重要的影响因素。在巨大的人口压力下，我国需要在一定时期内保持劳动密集型产业的继续发展，以此增加就业岗位、缓解失业。但是，在教育与经济的关系上，教育对经济的发展有一定的反作用力。高等职业教育作为为经济发展直接输送高级人才的教育层次，没有适时调整培养目标、及时或提前培养出适应于技术密集型产业发展的高素质技术技能人才也是一个很重要的原因。因此，随着我国新型工业化战略目标的提出，我国当前以体能型劳动力为主的人才结构必须升级为以技能型为主的人才结构，这就对我国的高等职业教育提出了规模、质量和水平的高要求。高职院校必须把握中国经济发展、产业升级的脉搏，通过国际交流与合作，契合“中国制造 2025”和现代服务业等新型产业的人才培养标准，尽早尽快地提供产业升级需要的人才。

此外，高等职业教育的职业属性也决定了其“以就业为导向”的办学思路，随着“全球化、通信和运输费用的降低以及不断开放的政治壁垒，共同促进了技术技能人才的自由流动，技术技能人才的国际迁移将会是一种常态。而作为技术技能人才的培养者——高等职业教育，必然要培养学生的这种迁移能力，了解国际惯例，熟悉国际通行规则，具备国际交往能力”。因此，从未来职业竞争力的角度出发，让每一位学习者都能接受包含有国际化元素的教育内容，具备参与国际竞争的综合素质成为高等职业教育不可推卸的责任和义务。

（三）教育性：高等职业教育的固有属性

无论从教育性是高等职业教育类型还是层次来看，都始终围绕“培养人”这个宗旨，离不开“教育”这个固有属性。因此，教育的国际化必然带动作为教育体系重要组成部分的高等职业教育的国际化。

二、高等职业教育的使命决定了其国际化的必要性

（一）国际化是高等职业教育的政治使命

在国际社会中，教育的国际化承担着重要的政治使命。对于我国而言，国家的利益是高等职业教育国际化的前提与基础，我们进行高等职业教育国际化，缩小与国际先进水平之间的差距，符合国际发展潮流，服务于建设有中国特色的社会主义。

（二）国际化是高等职业教育的经济使命

就我国而言，首先，在对外贸易依存度日益攀升的背景下，面临着人才储备不足的重大挑战，推动着人才培养和使用的国际化。随着对外开放程度的提高，我国对外贸易的依存度日益攀升。

基于此，以培养技术技能人才为宗旨的高等职业教育，必然要主动承

担经济全球化背景下的经济使命。通过国际化的培养目标、国际化的培养路径以及国际化的培养结果来顺应与推动经济的全球化。

（三）国际化是高等职业教育的文化使命

当前，大学已经成为文化传承的重要载体和文化创新的重要基地，成为现代社会的知识工厂和思想库，成为促进科技进步的“孵化器”和社会进步的“加速器”，对国家发展和社会进步的推动作用越来越突出。能否有效传承和创新文化，在很大程度上决定着大学的竞争力和创造力。文化是高职院校发展的“软实力”，在推动高职院校发展过程中具有不可忽视的隐性作用。人才培养、科学研究、社会服务、文化传承创新成为高等教育的四大职能。高等职业教育作为一种独立的教育类型，其发展规模已占高等教育的半壁江山，是高等教育的重要组成部分，对国民经济社会发展起着重要的人才支撑作用。在全球化背景下，国际化成为高等职业教育文化传承创新的重要途径。不论是民间的还是政府的，教育的文化传承从来就没有间断过。在信息时代，人与人之间的交流从来没有像现在这样方便、快捷，整个地球变成了一个“地球村”。各国在保存各自文化传统的同时，越来越需要了解他国文化，以增进相互理解与合作。高等职业教育作为文化传承的载体，自然负有不可推卸的责任。一方面，在激烈的国际竞争背景下，学习他国科技知识和先进技术，增强本国的综合国力，已是大势所趋；另一方面，人类面临的许许多多共同问题，需要各国高等教育“联手”才能更好地予以解决。因此，不论是从本国利益出发，还是从全人类利益出发，都需要高等职业教育加强国际交流与合作。通过知识的流动、技术的开放、管理的交流、多元文化的融合、高等教育市场的扩大等，搭建世界文化交融之桥，加速国际之间文化的渗透与融合，增进国家、民族之间的理解与宽容，有益于人类和平与发展，为世界和平与繁荣作出贡献。

高等职业院校的文化传承创新职能具有显著的职业性，即定位于“工业文化”。工业文化也可称为产业文化，是在工业化生产方式的基础上萌生和发展的，是工业化社会文化的重要亚文化。工业文化，一是当代优秀企业文化之集大成；二是现代产业体系中主要行业生产、经营、服务、管理方式之发展变革；三是适应经济社会可持续发展的合格公民、合格劳动者、合格企业法人之意识与行为规范；四是体现工业文化精神的法律制度，促进工业文化健康繁荣发展的经济、教育、文化和社会舆论环境。高等职业教育作为一种独立的教育类型，在高等职业教育国际化的进程中将承担传承与创新工业文化的重要使命。

三、高等职业教育的生存决定了其国际化的必需性

从世界高等职业教育发展的历史来看，虽然不同时期的世界知名高职院校形成过程各不相同，但有一点是相同的，都是在国际化的过程中形成的。没有高职院校的国际化，就没有世界知名高职院校。深层次、多形式、全方位的国际化办学，不仅极大地增强了这些学校的综合办学实力，更为它们赢得了世界范围的良好声誉，使它们成为举世公认、名实相符的世界知名高职院校，国际化成为世界知名高职院校的基本特征。一方面，它们通过联合国、世界银行、世界卫生组织、经济合作与发展组织、联合国教科文组织、国际教育局等国际组织把一些优秀教员派到国外，积极开展对外技术援助和国际开发，为世界许多国家服务，这是“走出去”战略；另一方面，它们也在全世界范围内选聘杰出学者和优秀学生到本国学习或工作，这是“请进来”战略。同时，它们还广泛开展国际教育交流与合作，包括学生互换、教师互派、学者互访、相互承认学分学位、举办国际学术会议、科研合作、联合办学等。此外，它们还通过增设国际教育课程、向国外选派大量留学生、开办海外分校等形式培养既理解本国文化又了解外国文化的国际型人才。

对于我国高等职业教育而言，由于我国正式大举兴办职业教育始于20世纪80年代，创办高等职业教育的历史较短，大部分职业院校是通过“三改一补”的方式兴办起来的。高等职业教育作为一种新型的教育类型，

近年来尽管在规模与内涵发展上取得了快速和显著的发展，但是由于它在我国的发展历程还比较短，社会对其地位与作用的认可度还比较低，要巩固其存在的价值，拓展其生存的空间，还面临诸多亟待解决的问题。特别是在经济全球化和教育国际化的背景下，我国高等职业教育面临着来自全球职业教育的巨大挑战。为了促进职业教育改革的进一步深化，我国需要学习、借鉴和吸收外国成功的职业教育改革经验，树立国际化、法规化、可持续化的办学理念，需要建立开放式教育模式，按照国际标准培养国际型人才。

第三节　中国高等职业教育国际化发展策略

一、中国高等职业教育国际化认知策略

（一）坚定方向是根基

引领职业教育服务国家是我国发展社会主义职业教育事业的重要指向。

高职院校国际化发展应以服务国家战略为根本，坚持社会主义办学方向，推动我国向教育强国、人才强国的目标迈进。

1. 高职院校国际化建设要服务国家进一步对外开放

进一步扩大对外开放，既是我国产业经济全面融入世界经济体系的客观需要，也是我国产业转型升级的内在要求。高等职业教育通过国际化发展助力我国对外开放，助力我国产业、企业“走出去”，是其作为一种类型教育的必然选择。高职院校通过国际化建设，积极参与国际竞争，在国际职业教育的大环境中引进、借鉴优质资源，实现我国高等职业教育资源

输出，提升我国高等职业教育的国际影响力和话语权，助力我国高等职业教育走在世界前列。

2. 高职院校国际化建设要服务“一带一路”倡议

近年来，我国高职院校掀起国际化发展的热潮，在很大程度上得益于“一带一路”倡议带来的历史性机遇和大好形势。一是要顺应时代大势，站在服务国家战略的高度，科学谋划学校在“一带一路”倡议中的责任与发展策略，助力国家对外经济发展建设；二是要把学校的国际化建设与国家“一带一路”倡议结合起来，既借力又助力，提升自身的国际化思维和能力，开阔视野，切实通过国际化进程提升对外开放的广度和深度，积极实现高等职业教育与国家建设的一体化发展。

（二）提升认识是前提

1. 高职院校要提高职业教育国际化战略自觉

中华人民共和国70多年国际教育交流与合作的历史证明，包括职业教育在内的国际化事业发展始终与教育现代化和国家现代化同向同行，受到政治、经济、文化、学术等内部因素和国际格局、对外关系等外部环境影响，其中最根本的还是由一国综合国力和整体实力决定。习近平总书记关于教育对外开放的重要论述告诉我们：做好包括职业教育在内的国际化事业，有助于在互容互鉴互通中增强中国的综合实力，有利于整体提升我国人才培养的质量水平，有利于在提高我国各种软硬实力中壮大知华友华的国际力量。

2. 高职院校要提高职业教育国际化战略自信

今天的中国已成为全球有影响力的国际教育中心之一，不但拥有世界最大规模的外语学习人口，而且建成了世界上影响最大的语言推广机构；不但持续保持世界最大的留学生生源国地位，而且稳居亚洲最大留学目的国位置；不但成为引进世界优质教育资源开展合作办学最多的国家，而且成为积极探索境外办学的最大发展中国家；不但在世界百年未有之大变局中始终保持战略定力，始终坚持打开国门搞建设，始终坚持教育对外开放毫不动摇，加快和扩大教育对外开放，学习世界一切有益的文明成果，努力做强中国教育。这是加快扩大对外开放、做好新时代职业教育国际化的坚实基础和自信之源。因此，既要坚持以我为主、扎根中国大地办好教育，又要以海纳百川的博大胸怀，学习借鉴世界一切国家和民族优秀文明成果；既要积极搭建民心相通、文明互鉴的人文交流桥梁，又要积极传播中国声音、讲好中国故事、塑造中国形象，为实现强国目标和民族复兴营造有利的外部发展环境。

3. 高职院校要提高职业教育国际化战略自为

高等职业教育国际化是高职院校的基本职能和使命，要在积极主动服务职业教育改革发展、国家教育现代化建设和“走出去”战略中，促进与教育教学、人才培养、社会服务、科学研究、文化传承与创新等职能深度融合。首先，做好高等职业教育国际化发展事业，是深化职业教育改革发展的必然要求，因为它与经济、社会发展最密切相关，是服务全面对外开放、深化我国与世界融合发展的有力抓手，是贯彻“职教 20 条”的重要支柱，必将为职业教育大发展带来先进的理念、思想、模式、方法和优质的资源。其次，做好高等职业教育国际化发展事业，也是中国教育现代化的必然要求。职业教育是整个国家教育体系的重要组成部分，职业教育的现代化既是国家教育现代化的重要内容，也是教育现代化的重要支撑。职业教育国际化要坚持以开放促改革促发展，提升国际合作与交流水平，成为教育现代化的有力支撑。再次，做好高等职业教育国际化，还是履行负责任大国担当角色的必然要求和重要手段。进入新时代，深度参与全球治理，打造中国职业教育品牌，走向世界教育舞台中心，对职业教育国际化提出了新的更高的要求。做好高等职业教育国际化是服务国家重大战略、提高职业教育办学水平的重要举措，是推进各国人民相知相亲、搭建民心相通桥梁、助力人类命运共同体建设的重要支撑，不断提升我国职业教育质量、服务职业教育现代化，拓展中外人文交流、建设教育强国和提升国家软实力的重要内容。

4. 高等职业教育国际化发展的政策要有完备的宏观设计和微观细化

宏观层面，相关政府部门需制定国际化战略规划，确定高等职业教育国际化未来几年的发展目标、方针和任务。国际化战略规划的制定要注意把握教育对外开放的原则：一是“加快”和“扩大”原则；二是“提质”和“增效”原则；三是“稳步”和“有序”原则。从中观层面，逐步完善高等职业教育国际化相关的政策法规，规范和保障国际化相关工作，如规范国际化合作办学，防范风险，保障国际化发展的经费投入，并落实到位。从微观层面，高职院校制定适合自己学校特色的国际化行动实施方案和细化的规章制度，如来华留学生管理制度、教师外派管理制度等确保各项工作的落实。另外，建立高职院校国际化发展的评价体系和质量评价指标，对国际化工作全过程进行监测预警，开展诊断性考核，保障国际化办学的质量。

5. 高职院校在考虑国际化发展时应做到“知己知彼”

高职院校在国际化发展时应做到“知己知彼”，提升国际化规划和决策的必要性、科学性与可行性。“知己”是立足校情，明晰学校的办学定位和办学条件，明确国际化在学校发展中的意义和路径选择，包括学校需要怎样的国际化作为办学支撑，学校可输出哪些理念和资源，学校国际化形成了哪些特色，学校国际化水平在本区域内、在国内属于什么样的层次等。切忌盲目跟风，照搬照抄，要实事求是，综合考量，树立科学的且具备融合学校、区域、行业特色的国际化办学和育人理念。

“知彼”是充分研究潜在的合作对象，认知其合作需求，掌握其“痛点”和“兴奋点”。以与“一带一路”沿线国家合作为例，“一带一路”涉及 65 个国家和地区，各国国情民情、文化习俗都不一样，与“一带一路”沿线国家合作，高职院校先要了解目的国政府、企业、学校和我国“走出去”企业的需求，以及与他们合作的注意事项等，然后依据自身的办学优势和特色，精准选择和开展合作项目。学校可成立目的国国别研究中心，或借助本科或其他高职院校智库的力量，深入了解目的国的情况。

我国高等职业教育起步晚、底子薄，各地发展不均衡，因此，要更积极地学习国外优秀的职业教育理念、人才培养模式，但都必须符合我国的具体情况和实际需求，这就需要进行认真取舍，有用的就选择，没用的就放弃，同时对不适应或部分适应的进行改革创新，也就是推进高等职业教育本土化。在结合国情，保持自身特色的前提下，我国高等职业教育应坚持走国际化道路，学习西方良好的高等职业教育观念、办学模式、政策规范等，做到“以我为主，为我所用”，发展具有中国特色的国际化高等职业教育。

因此，高职院校要以特色办学为主线，形成差异化办学格局，注重特色发展。一是要树立独特的办学和育人理念。高职院校国际化发展既有共性规律，也要凸显个性。不同高职院校的办学定位、办学条件及所面向的地域不同，高职院校国际化切忌盲目跟风、照搬照抄，要按照解放思想、实事求是的原则，根据学校实际制定国际化发展的目标、定位、方向和指导思想，科学选择适合自身的面向地域及合作伙伴，树立特色化的国际化办学和育人理念。二是要着力打造特色专业并形成专业特色。专业是高等职业教育人才培养的载体，高职院校要凸显国际化发展特色，关键在于打造特色专业并形成专业特色。高职院校要结合自身办学实际与国际劳动力市场需求，打造既能体现中国职业教育特点又能满足国际劳动力市场需求的专业，彰显中国高等职业教育的独特优势。同时，高职院校要在一般性专业教育中凸显中国教育特色，如注重思想政治教育、强调集体主义精神等。

二、中国高等职业教育国际化推进策略

（一）机制健全是基础

高职院校国际化既受到外部环境的影响，更受到学校决策者对学校发展阶段、区域发展环境和国际化之间关系的认知驱动。当前，高职院校决策者应充分认识国际化是高职院校发展的必由之路，建立健全国际化管理

体制机制是高职院校国际化办学有序开展的必要环节。

1. 完善国际化发展组织架构

成立由熟悉国际交流、国际教育或国际标准的人员组成的国际合作部门，在学校党委外事工作委员会的领导下，依据国家关于职业教育的政策和文件，研究制订学校中长期的国际化发展方案，将其纳入学校发展核心环节。围绕制定的重点目标和任务，全面统筹与国际化建设发展相关的资源。各部门设立国际化工作协调员，与国际合作与交流部门一同贯彻落实学校的国际化发展战略。对于开展来华留学生教育的学校，应设立国际教育学院（国际学院）等来华留学生工作归口管理部门，完善来华留学生教育的各项规章制度，扎实做好招生宣传、学生管理、汉语推广及对外文化交流等工作。

2. 建立国际化协调运行机制

从政府层面来讲，应建立支持高等职业教育输出的统一协调机制。加强高等职业教育"走出去"的顶层设计，研究高等职业教育输出所涉及的业务范围，梳理相应的负面清单，为政府制定支持政策提供指导意见；建立支持高等职业教育输出的协调机构，加强外事、人社、教育、财政部门和驻外、援外机构的沟通协调，统筹相关政策的研究、制定和出台，防止政出多门；加强其他国家对职业教育相关的人才需求、资源需求等方面的信息整合，增强职业教育输出、助推经济国际化的针对性和有效性。

从学校层面来讲，对内需明确国际化工作不仅仅是国际合作部门的工作，而是全校一盘棋，涉及多领域、多部门的工作。建立由国际合作部门主导，相关职能部门和教学单位密切配合的国际化协调运行机制。强化宣传教育，使师生充分认识国际化对学校发展的重要意义，充分调动其参与学校国际化工作的积极性，积极谋划国际化发展新思路。实行信息共享机制，定期召开国际化工作会议，有序推进国际化发展，避免因信息沟通不畅引起的贻误发展时机、推诿扯皮等现象。对外则通过建立办学合作机制、资源共享机制、利益分配机制等规范各教育主体的行为，激发各方的国际化办学热情，保障各方的办学利益和成果。此外，强化思想引领与宣传教育，让教职员工深刻理解推进教育国际化的紧迫性和必要性，理解推进国际化对学校未来发展的深远影响，主动了解和参与教育国际化建设，积极谋划国际化发展新思路，创新国际化发展新模式。

3. 建立国际化办学考评机制

机制建设还应涵盖考评管理，高职院校应采用灵活多样的考核方式，对参与学校国际化发展的管理部门、国际化程度较高的教学部门进行考评，以带动其参与建设的主动性和积极性。首先，将服务和保障国际化工作开展作为教务、人事、学工、科研管理等职能部门的考核指标，推动职能部门积极参与学校国际化项目建设。其次，二级学院是高职学校国际化办学的重要实施主体，要将国际化资源引入、国际化人才培养、开展国际化合作与服务作为二级学院考核的重要内容，推动二级学院积极开展国际交流合作，在学院内部形成压力和动力的有效传递。最后，教师是高职院校国际化办学项目的具体执行者，要将提升国际化教学能力等作为教师专业发展的重要内容。如将参与国际化办学项目、出国学习和工作经历等作为专业教师职称评聘的重要依据，同时出台多项制度文件，强化教师“双语”能力培养，激励教师赴国（境）外进修、工作，有效提升教师国际化环境下的工作能力。

4. 建立国际化经费保障机制

政府应设立高等职业教育国际化专项经费，激发院校国际化办学的积极性。做到经费在公办与民办高职院校之间、不同区域院校之间的合理分配，充分发挥民办院校管理体制的灵活性、人才培养的市场性等优势。

此外，学校应在进行项目可行性论证、绩效分析等充分调研的基础上编制国际化工作预算，制定资金管理办法，做到钱与事相结合、任务与考核相结合，提高资金使用效率。逐步建立完善多元经费投入机制，多渠道融资，吸收各类社会资本对高职院校国际化项目的投入，尤其是要加强与“走出去”企业的合作，形成多渠道经费保障机制。

（二）搭建平台是重点

搭建平台是高等职业教育实现高质量发展的重要途径。高质量的平台是高等职业教育走向国际化的“立交桥”，对推进高等职业教育开展国际合作与交流、提升国际化影响力具有重要作用。高职院校应树立平台化发展思维，在做好既有平台项目的基础上，积极搭建多方参与的职业教育联盟，参与政府或行业协会搭建的国际合作和交流平台，与“走出去”企业合作办学，不断提升学校的国际化办学质量和服务水平。

1. 高等职业教育国际化平台搭建的基本原则

（1）体现教育性原则

作为我国高等职业教育走向国际教育舞台的“桥梁”工程，搭建高等职业教育国际化平台是提升职业教育国际化发展水平和推动职业教育国际化内涵发展的应有之义，其承载的是具有中国特色的职业教育发展模式之跨境输出。因此，在构建职业教育国际化平台的过程中，必须以职业教育的内涵使命为基石，凸显平台的教育性原则。换言之，国际化平台的构建要充分对接我国职业教育的基本要素，融入职业教育的内在规律、体现职业教育的功能发挥，以实现国际化平台搭建与职业教育国际化发展之间的相得益彰，这不仅是国际化平台教育性的重要体现，也是衡量我国职业教育国际化发展程度的重要指标。

（2）体现合作性原则

在当前背景下，开放、合作、互动、交流成为时代发展的主旋律。因此，促进合作是职业教育国际化平台搭建的主要原则之一。构建职业教育国际化平台，其主要目的是增进职业教育的国际交流，促成开放式合作，实现利益相关方优势资源的共享和互动。充分发挥国际化平台功能，协调优化各方资源配置，开展形式多样的交流活动，收集教育发展、产业需求或地方政策等不同领域的国际资讯，搭建国际化人才培养基地，提供跨境职业教育技术服务等，以增进交流与合作，满足职业教育国际化利益相关方对各方优势资源的互通和共享。

(3) 强化服务性原则

产教融合服务经济发展是发挥职业教育社会价值的重要体现。在当前背景下，大批中资企业赴境外开拓国际市场。职业院校要协同企业共同搭建国际化平台，集聚学校和企业的优势资源开展技术技能人才培养、技术服务等，培养培训中资企业境外发展所需的本土化人才，服务中资企业境外发展需求。同时，要借助中资企业在境外政策、环境、市场等方面的发展经验，拓宽国际化平台的运作渠道和功能，实现国际化平台的良性可持续发展。

2. 高等职业教育国际化平台搭建的路径

(1) 积极参与政府或行业协会层面搭建的国际合作和交流平台

高职院校可充分利用中国教育国际交流协会丰富的国际化资源，如“高端技能型、应用型人才联合培养百千万交流计划”“中国—中东欧国家教育能力建设”等项目，院校抱团、齐心聚力，积极推动中国高等职业教育走向世界。此外，可积极参与教育部中外语言交流合作中心境外孔子学院/课堂项目，与本科联建院校一起，发挥孔子学院/课堂遍布于世界各地的优势，拓展其传播中国语言和文化以外的职能，使其成为国家职业技术技能培训输出的重要阵地，特别是为在“一带一路”沿线国家和地区的中资企业当地员工提供语言和职业技能培训服务。

(2) 搭建由中外政府部门、行业、企业、院校等参与的职业教育联盟

充分利用联盟内成员具备的信息和资源优势，为学校国际化发展提供决策依据，降低国际合作交流的风险，实现国际化精准和高效发展。

(3) 与“走出去”企业实施境外办学，共建援外教育平台

高职层次境外办学是在国家构建“人类命运共同体”的倡议下应运而生的，与国家层面的对外援助战略密不可分。

教育主管部门可统筹部署高职境外办学，协调教育、外交、商务、文化等部门资源，形成职业教育援外合力。同时，引导高职院校在中资企业海外业务量大，或者企业急需开拓业务并具备良好市场潜力的国家和地区办学，取得良好的办学效益和示范效应，带动相关院校共同“走出去”。

鼓励高职院校搭建高等职业教育输出的协作与交流平台。支持“走出去”企业与高职院校联合组建职教集团，进一步深化产教融合，开发跨境产学合作项目，鼓励相关高职院校参与企业海外业务拓展项目建设；设置职业教育领域中外合作拓展与交流项目，推动高职院校抱团合作，形成合力；依托办学实力强、“走出去”办学有一定基础和经验的高职院校，在海外建设若干以“促进技术技能人才培养，促进丝绸之路经济带和 21 世纪海上丝绸之路建设”为目的的“丝路学院”。

作为境外办学的主体，高职院校首先应将自身“走出去”的需要和职业教育援外服务结合起来，服务国家开放发展大局，如无锡商业职业技术学院与红豆集团联合申办柬埔寨西哈努克港工商学院，助力中柬国际产能合作园区建设。国际化办学容易受到国家政治、经济、文化差异和双边关系的影响，存在许多不确定性。在目的国摸爬滚打多年的“走出去”企业，熟悉目的国家的整体社会情况，高职院校与其合作，能有效避免教育跨国流动的壁垒，降低潜在的合作风险。对于新拓展海外业务的企业，高职院校应利用学校技术、语言、管理方面的优势，补齐企业短板，与企业共拓境外教育市场。企业为高等职业教育国际化办学活动提供平台，尤其给予学生实习和实践的机会，使学生了解中国企业的技术工艺、生产管理和企业文化，为今后学生高匹配就业、高质量服务该行业发展打下基础。高等职业教育则依据当地产业发展和产业工人受教育的现状，结合企业的实际需求，合理制订培养培训方案，满足企业海外生产经营的人才需求。

（4）搭建国际化科研合作平台

通过平台整合优质职业教育资源，协同开展职业教育研究，是深化高职院校国际化内涵、实现高等职业教育国际化创新发展的重要途径，有利于提高高职院校国际化决策的科学性和可行性。首先，成立专门研究机构，深入了解发展中国家职业教育的需求。一直以来，我国职业教育研究的对象国主要集中于发达国家，对发展中国家的研究较少，对其职业教育发展的需求把握也相对不足。因此，当前亟须开展“一带一路”沿线国家和地区职业教育发展及其需求研究，为国际合作奠定认识基础。其次，成立国际合作机构，推进跨国职业教育科研。跨国职业教育科研合作是深入认识相关国家职业教育的有效途径。通过引入目标国家的研究力量和资源，可以有效弥补传统仅通过文献或调研开展研究的不足。最后，举办国际学术研讨会，推动发展中国家职业教育交流与合作。国际学术研讨会是推介中国职业教育发展理念和经验、促进合作交流的重要平台，为高水平高职院校建设走向纵深化提供支撑和保障。

（三）专业建设是核心

1. 重视专业特色和品牌建设

专业是高等职业教育人才培养的载体，高职院校要结合自身办学实际和合作方劳动力市场需求，整合学校优势专业资源，打造能有效开展国际化人才培养的专业集群。积极引进国外的成熟标准，如欧盟的《欧洲资格框架》、德国的《培训资格条例》、美国社区学院的专业设置、英国的共同评价框架等，结合符合我国实际的标准，对照框架和内容进行分析、比较和开发。参与职业教育发达国家的专业国际认证，如《悉尼协议》《华盛顿协议》《都柏林协议》等，确保学校的人才培养体系和质量与国际标准接轨。探索将专业标准和职业资格标准对接国外企业，如“一带一路”沿线国家和地区企业的技术标准体系等，在对接融合的基础上致力于打造中国职教品牌，增强高等职业教育专业的海外吸引力。同时，在专业教学中融入如“知行合一”“终身学习”“工匠精神”“人人皆可成才、人人尽展其才”等中国特色职业教育的思想和理念。

2. 重视课程内容和质量建设

课程是专业建设的基础和落脚点，必须重视课程内容和质量建设。

（1）高职院校要更新课程观念，要认识到课程国际化是高等职业教育国际化的必然结果。高职院校要以最新的职业技术国际化人才培养规格和专业建设的方向确定课程建设的目标、内容、组织开展和评价方式等，构建开放的国际化课程体系。如德国针对“工业 4.0”，积极开发“双元制”

职业教育培训职业课程。通过确定“工业 4.0”的通用行动领域，确定典型工作任务，通过对典型工作任务的分析，发掘相应的能力要求，从而构建对应的学习模块。课程的开发需要通过企业、行会、学校以及政府的反复磋商与协调，一般情况下，新课程的出台至少需要 4~5 年时间。同时，在教育结构方面与国际通行标准接轨，增设外向型的学科专业，设立了欧洲学、汽车机电工程师、欧洲太阳能技师等国际性学科专业项目，并得到政府的资助。在培训的新职业中，还强调要积极学习外语、辅助能力及开展有关国际化素质教育的教学，实施有关逗留在国外教育假期的新制度等，这些法规与监督体系为德国职业教育走向国际化提供了法律保证。

（2）高职院校要依托有办学基础的、实力强的专业开展课程国际化建设，优势专业具备对国际化各要素快速反应的能力，会密切关注专业对应行业和企业的信息与资源，能以最快的速度传递到课程中来。此外，发挥该优势专业课程国际化建设的辐射作用，带动相近、相关专业课程共同发展。

（3）高职院校要寻求与国外优质院校、跨国企业及我国“走出去”企业合作，优势互补，结合国内外劳动力市场和岗位需求，按照能力导向、通用及实用性原则，共建如职业资格标准、实习实训标准等国际化标准。

（4）课程国际化建设要对接国际通用职业资格标准，使培养的人才能服务经济的国际化发展，同时，劳动力融入国际职业教育体系，便于其后续的学习提升。国际标准开发要注重“谁开发、怎么开发、如何使用”等问题，聚焦开发主体、开发过程和实施管理三个向度。要根据协同治理理论，组建一支具有国际视野的“政、行、企、校”多元协同开发团队，成员由教育部门政策制定者、行业专家、职教集团专家、大型跨国公司企业专家、学校的骨干教师、专业带头人、国外知名教育家等组成，代表着不同的行业背景、标准要求和价值取向。

3. 重视输出以专业建设为核心的我国高等职业教育的理念、模式和标准

参与国际职业教育标准制定，实现标准对外输出是我国高等职业教育

提升国际影响力的必由之路。在教育教学标准“走出去”的过程中，高职院校将会更加注重专业教学标准、课程标准等的研制，增强标准的科学性、规范性与国际化水平。因此，课程标准输出有助于进一步完善我国教育教学标准，推动高等职业教育内涵式发展。要增强职业教育话语权，提升国际影响力。教学标准包含技术标准、职业标准、文化与价值观，推广教学标准，有助于厚植企业文化与中国技术，不仅能影响一所或几所院校，可能会影响整个行业或产业，有助于不同教育系统间的交流与认同，提升我国标准、文化和价值观的国际认同度，彰显文化与理论自信。

要实现以职业教育标准为核心的资源输出，应做到对内推动职业教育标准研制，对外推动职业教育标准输出。政府应认识到标准在职业教育国际化中的重要作用及标准输出的战略意义，明确职业教育标准输出工作的整体战略部署。成立由教育部、商务部、国家标准化管理委员会等部门联合组成的教育标准领导工作小组，布局国家职业教育标准输出战略，对牵涉跨部门和跨领域重大标准的制定进行统一组织协调，将标准研制和输出工作纳入国务院职业教育工作部际联席会议内容。建立由省市级教育主管部门牵头，依据区域职教特色，由熟悉标准研究制定的专家、“走出去”行业企业的管理者、一线教师、外事人员等组成的标准建设和输出工作实施小组，明确对内对外工作机制，统筹标准的制（修）订、输出和质量监管工作。做好标准的多语种文本翻译工作，扩大受众市场。建立职业教育标准“走出去”的评价体系，聚焦标准的质量建设评价和标准输出后的认可度评价。可参照高校中外合作办学质量保障实施意见，研究制订教育标准的质量认证和评价方案，由院校自主申请，认证结果由教育主管部门采信。高职院校在加大对国际职业教育通行资格和标准的跟踪、评估与转化力度的同时，要做好“三对接”：对接目的国政府部门，开展劳动力资源调研，了解劳动力需求状况，掌握办学政策法规；对接目的国职业院校，了解当地职教发展水平，对比研究两国职业标准等；对接目的国的中资企业，结合目的国劳动力市场和企业对人才的需求，共同开发专业教学、实习实训等职业教育标准。

教育主管部门要积极构建全方位、多维度、广渠道的立体化宣传格局，对外展示我国职业教育标准及发展成果。高职院校要参与教育领域国际标准研讨活动，发挥院校，尤其是交通、农业类特色院校担任国际教育联盟中方负责人或协调员的作用，对外大力推介我国高铁、农林农牧类等职教标准。主动参加国际标准组织技术机构并承担有关职务，提升我国在国际标准制定工作中的话语权。对目的国机构或院校人员开展标准解读和培训工作，通过配套集音视频、图片、文本等数字化资源为一体的在线开放课程，助力标准“走出去”并真正“走进去”。在境外建立基于中国职业教育标准打造的人才培养基地，中国标准贯穿于援外职业培训的始终，筑牢标准“走进、走深、走实”的根基。通过与外方合作办学、主办职业教育交流活动、参与世界教育大会和校长论坛等多元化的国际合作实践载体，增进与其他国家间的文化互信，促进民心相通，顺利推动职业教育成果“走出去”。此外，改革教育激励和评价机制，将国际化建设相关成果纳入教师的考评体系，给予职称评聘、经济补贴等优惠政策，激励教师积极参与国际化工作。

在社会分工细化的产业背景下，高职院校在办学过程中始终保持专业建设与产业需求同步，专业门类齐全，特色鲜明，积极参与我国相关行业和产业标准的制定。在对接国外产业标准和职业资格标准的基础上，与“走出去”企业通力合作，争取国际行业标准制定的话语权，努力让我国的职业标准成为世界标准的引领者、主导者。

（四）师资建设是关键

教育的根本任务是育人。要培养具有国际意识、国际竞争力的一线技术技能人才，高职院校须建立一支具备国际视野、国际育人理念和本领的师资队伍。师资队伍建设不仅包括专业教学和科研工作人员，也应包括管理和教辅人员，如来华留学生辅导员等。政府应认识到推进高职院校教师的国际化发展是当今世界高等教育发展的主流趋势，依据当前高职院校师资国际化的现状，出台相关教师培训培养政策；教育资源多向高职院校倾斜，如提供国际化师资队伍建设的专项资金等。高职院校要将国际化师资建设作为学校的专项工作计划，编制师资国际化建设的指导性文件及实施细则，成立专门负责国际化师资建设领导小组与管理办公室，负责制订学校国际化师资建设的培训计划、考核与激励制度。学校各二级学院应成立国际化师资建设执行小组，有组织有计划地推进国际化师资建设工作。

师资队伍的建设采用“外引”与“内培”相结合的方式。

1. “外引”

高层次的国际化师资是提高师资队伍国际化整体水平的重要保障。在“外引”上，高职院校应注意以下几点。

（1）高职院校应围绕学校发展建设大局及学科和专业建设实际需要，积极出台境外高端人才引进与管理政策，构建境外高端人才引进与培育机制，优化引进模式、招聘方式和激励机制，加大对具有较高学术水平且具有丰富行业、企业工作背景的境外高端人才引进工作的投入力度，吸引境外高端人才来校参与学科发展、专业建设和管理服务，充分发挥高层次人才的集聚效应和团队效应，不断促进本土优秀人才与外来人才的融合，学习国外先进的办学理念、教学方式、科学研究方法等，提高己方教师的国际视野、教科研水平，以及教学与管理团队的国际化水平。

（2）高职院校要摈弃盲目重视外显性指标这一弊病，要认识到一味重视指标，扩大外籍教师的规模不一定符合学校或区域高等职业教育现阶段的实际情况，不仅无法保证教育教学质量，而且极有可能引发其他社会问题。因此，国际化师资的引进一定要讲求实际，保证效用。

2. “内培”

相对于院校加大投入，“外引”全球知名的技术技能专家和教师充实本校师资队伍，“内培”对于大部分院校来说是更佳的选择。高职院校应认识到高职院校教师的国际化发展是当前高职院校应对全球化必须具备的教育理念。

（1）高职院校要完善国际化师资培训体系

要从政策、制度、环境等多维度制定符合本校国际化师资建设的扶持政策和措施。

首先，建立人事管理部门和国际合作部门联合的师资国际化运行机制，将国际化能力作为重要模块纳入现有的师资培训体系。如引入或建立在线国际化培训资源库，鼓励教师依照培训目标和指标，选择相应的课程进行学习，补足教学和管理能力缺项；定期召开研讨会，由有丰富国际化教学和管理经验的教师主讲，加深学员们对国际化内涵的理解并转化为行动。

其次，要创新语言培训方式，破解高职院校师资国际化进程中的外语交流瓶颈问题。针对高职院校教师外语交流中存在的瓶颈问题及教学任务重的现实问题，高职院校应该创新语言培训方式，可以与国内知名语言类高校签订国际化师资联合培养协议，采用“集中培训+分散教学”的培训方式，突破教师外语交流的瓶颈，增强教师参与国际交往的语言表达能力。

再次，加大教师出国（境）研修力度。院校应积极与国外院校开展教学与科研合作，采用师资互换等方式，积极选派教师赴国外高校进修，拓宽国际化教学与服务社会的视野，加强教师的国际化教育教学技能，定期邀请国内外知名专家来校开展国际化建设专题讲座，开展多种形式的中外教师教学与科研座谈会，教师学习后要全面分享学习成果，提交高质量学习报告，全力将学习成果应用到教育教学改革和科技创新中，以此提升教师国际化教学与社会服务的能力。

最后，针对高职院校在社会服务中存在技术研发薄弱的问题，要深化产教融合与校企合作，让专业教师深入国际化企业进行挂职锻炼，如开展专业带头人、青年博士进企业实践活动，与企业技术人员共同开展科技研发与技术创新，解决企业技术难题，以此提升服务社会的能力，打造技术技能创新服务平台，从而进一步提升高职院校国际化人才培养的质量。

（2）高职院校要积极开展国际合作项目

如来华留学生项目，双语课程开发，选派教师赴境外合作院校授课，为“走出去”企业员工开展培训等，丰富教师参与国际合作的渠道，有效支撑教师国际化素养的提升。如采用“1+1”模式加强英文授课师资队伍的培养，即确定1名专业课程英文授课教师，遴选1名教师作为后备，形成有效的“带中学”倒逼机制，储备双语师资力量。可与境外院校或教育机构共建师资培训基地，承接目的国师资培训项目，通过当地师资来传播我国职业教育的理念和标准，辐射性更强，效果更好。

（3）高职院校要改革教师教育激励和评价机制

首先，要加大对国际化师资建设的资金投入，在争取国家留学基金委项目的同时，积极构建多元化的国际化师资建设教育基金，充分利用上级财政的经费，通过争取企业赞助或者设立国际化师资建设基金等方式，以保证充足的高职院校国际化师资建设的资金。

其次，要保障正在国（境）外进行访学培训与交流的教师仍享有合理的工资与福利待遇，全部承担教师在培训期间所产生的培训费、差旅费，以部分弥补教师因参加培训而带来的教学工作量等损失，并对自费公派学成归国者予以适当的奖励。

再次，要对出国研修或者访学的教师制定详细的评估制度，相关部门可以采用网络或其他通信方式跟踪在国（境）外研修教师的工作、学习情况，以便及时了解他们所面临的困难与问题，并及时采取各种措施和手段保证其在国（境）外的研修效果。

最后，要将国际化教学和研究成果纳入教师的考评体系，给予国际化办学一线的教师和管理人员职称评聘、经济补贴等优惠政策，借鉴国外高校的经验，推行教师学术休假制度，使教师有条件利用学术假出国交流与研习，激励教师积极投入境外教学、开展“一带一路”倡议产业研究、来华留学生培养等高等职业教育海外输出工作。

（4）高职院校要营造学校的国际化氛围，积极举办跨文化交流活动

文化教育是一种隐性的教育，它不是抽象的理论说教，而是通过耳濡目染，潜移默化地将文化借鉴和融合贯穿于教育、管理和服务的全过程。

教师通过参与活动，一方面能拉近与外籍友人的距离，近距离感受国外文化，另一方面，能增强教师对自己教学能力的自信，对本国文化的自信。

(5) 加大对教师境外研修培训工作支持力度

高职院校应积极主动地与上级教育主管部门及省级外事管理部门交流沟通，解决校内教师境外研修培训需求与外事政策管控的现实矛盾，加大对教师境外研修培训工作的支持力度。同时，应与境外培训单位加强交流沟通，科学谋划培训内容，确保培训质量，加强成果转化，切实提高受训教师的专业水平。

第四节　中国高等职业教育国际化发展的实施途径

一、中国高等职业教育国际化的课程国际化

(一) 课程国际化的含义

课程与专业设置是教学的核心，因此教学的国际化首先是课程与专业的国际化。课程与专业设置是教学能够顺利和深入开展的基石，因此，课程与专业的国际化直接关系到全球化人才的培养，从而直接影响到教学国际化的程度。

国际化的课程在内容上趋向国际化，指的是引进国外的教学资源，结合国内的教学实际，设计出适合国际化人才培养的课程。国际化课程包含两层含义：一是扩大本国学生接受他国教育的平台；二是提高我国为世界各国留学生提供教育的质量与层次，从而吸引更多国家、更多数量、更高层次的留学生。这两层含义旨在充分提升我国高等职业教育的整体水准，深化我国高等职业教育的国际化程度。

（二）课程国际化的表现形式

1. 课程与专业的设置与国际化要求相适应

在充分了解并尊重世界各国文化的前提下，开设适应经济全球化发展的专业以及适应国际竞争与能力培养的课程，培养学生国际化视野和国际化生存能力。

2. 在课程创新方面突出国际主题

目前我国高职院校都没有设置与国际内容相关的院系、专业与机构，因此设置这样的院系、专业与机构是国际化的前提，且在课程安排上，也有相应的以国际化内容为主题的系列课程，如国际关系、国际经济、国际商务与贸易等，包括在信息科学、人文科学方面也有国际化内容的课程。

3. 在教材的使用与编纂中融合国际化方面的内容

我国高等职业教育的教材主要包括自编教材、引进教材以及相关学术资料。其中，引进教材又包括引进兄弟院校教材、学者专著以及国外教材。无论是上述三者教材中的哪一种，都是国际化教材的重要组成部分，且近年来在教材编纂与使用上，与国际学科发展动向更加紧密贴合了。

4. 推进课程设置关于国际普遍关注问题的研究

尽管近年来，我国在环境科学、航天科学、能源科学、宇宙科学、生命科学、物联网、人工智能等方面取得了令世界瞩目的成果，但在这些课题相关的学科整体建设和科研整体实力方面与发达国家仍然存在差距。

5. 注重地区研究

不仅可以推动学术发展，而且可以使学生意识到国家间的相互联系、所存在的共性与差异。

6. 建立校际联系

互相访问学习，吸收课程开设经验。

二、中国高等职业教育国际化的教师队伍国际化

（一）含义

教师作为学校主体之一，承担着教书育人、科学研究、服务社会的三大

重要职能，是学校生存和发展的灵魂。在高等职业教育国际化迅速发展的背景下，“教师的国际交流是高等职业教育国际化的一个核心部分。具有国际知识和经验的教师可以直接推动教学、科研向着国际化方向发展”。可见，教师在整个高等职业教育国际化进程中具有不可忽视的重要地位和作用。

高等职业教育师资国际化具有多层含义。一是高职院校师资队伍结构的国际化。这是高等职业教育师资国际化的最初理解，主要指高校通过引进外籍教师、国际知名学者以及留学人员来校任教，改变教师队伍的来源结构，提高教师队伍中具有国际化学习与研究背景的教师比例。二是师资管理运行机制的国际化。随着国际交流与合作的不断加强，高职院校教师之间在思想、理论、方法等方面相互学习和吸收，各国特别是发展中国家不断吸收和借鉴发达国家的师资管理经验和管理理念，加深人们对师资国际化的理解。有学者认为师资国际化实质上就是“各国高职教师通过不断交流与合作，在思想、理论、方法等方面相互学习和吸收，并形成适合本国国情的高校师资管理运作机制的过程”。

（二）基本要素

1. 高校师资来源的国际化

高校之间教师的国际流动是高等职业教育国际化的主要内容之一。通过聘请国外著名教授、学者来高校任教或讲学，吸收国外先进教学理念、教学方法和教学模式，打破“近亲繁殖”的不良影响，提高学校自身的教学和学术科研水平。

2. 师资管理运行机制的借鉴

师资管理运行机制是促进教师队伍稳定发展的重要制度保障。虽然各国高校的教育体制、师资管理体制不尽相同，但总的来看，各国的师资管理存在不少一致的做法并且有相似的发展趋势，如公开、民主的招聘程序，严格的入选、晋升条件，合理的师资结构，等等。

3. 教师素质的高要求

高校要走出国门，与国际接轨，教师必须具有较强的国际交往与合作能力，具备国际视野和开放的心态，要具有国际意识，时刻关注国际问题，尊重和理解国家间的文化、风俗传统差异，掌握和遵守国际法则及惯例；要具有创新意识和创新能力，不断更新教学内容，尝试新的教学方法，培养学生的创新精神；要具有终身学习的理念；要具有团结合作精神，相互学习，共享劳动成果。

4. 师资培训体系的国际化

通过各种形式的师资培训能有效完善教师的知识体系，提高教育教学能力，在高等职业教育国际化的背景下，建立国际化的师资培训体系非常有必要。其包括选派国内教师出国访问、继续学习深造，聘请国外著名学者、专家来讲学，增强校际联合培训等。

三、我国高等职业教育国际化的管理国际化

高职院校是高等职业教育国际化的主体，理应享有自主决策与行动的权力。科学的管理体制是高等职业教育实现国际化的有力保障。针对我国高等职业教育管理存在的弊端，从三个方面推进高等职业教育行政管理体制改革。

（一）高职院校领导要面向未来、面向国际，树立开放办学的理念

随着全球化、国际化进程的加快，中国高等职业教育正在而且还将经历市场化的洗礼。未来十年，随着生源数量的减少，中国高职院校不可避免地面临一个重新洗牌的过程。必须充分认识到国内国外两个市场、两种资源的重要性，把国际资源的引进、利用、转化纳入学校的战略规划之中，把国际交流与合作作为促进院校发展的一个重要途径，把国际化发展确立为学院发展的战略之一。相对于国内资源，高职院校的国际性资源具有其内在的特殊性。这种特殊性表现为：第一，它是以国际交流与合作为基础形成的资源，是一种非行政手段分配的资源，因此会有更大的空间和更多的可能；第二，它是在合作双方基于自身的发展目标而开展的互利和自愿的合作基础上获得的；第三，它必须能够融入或者内化为高职院校的

有效资源，才能对院校的发展产生推进作用。

（二）因地制宜，选择有效地促进国际交流与合作的发展路径

每所学校因为资源不同、发展目标不同，会制定不同的发展战略。高职院校的发展战略应该是各高职院校寻求自身恰当定位和发展前景的重要问题。当前我国部分高职院校尽管提出了国际化办学的愿景，但还未形成一种发展战略，愿景处于游离状态，缺乏战略思维，有些高职院校已经提出国际化的发展战略，但不能成为群体的共同追求，没有院系、职能部门的积极响应，更不能形成自上而下的共同行动。还有一些高职院校虽然没有提出国际化的发展战略，但师生员工在国际交流与合作中切实受益，从而从个人目标和组织目标两方面自觉地朝这个方向努力。处于不同发展阶段的高职院校，都可以通过国际交流与合作达到促进院校发展的目的，但应该因地制宜，充分分析学校的内外部条件，选择不同的发展路径。学校无论大小、无论区域、无论专业、无论发展现状都可以开展不同形式的国际交流与合作，关键是要合理定位学校的发展方向，明确学校的资源需求，从而找准国际交流合作项目，服务于学校的发展目标，而不是分散学校的精力，浪费学校的有限资源。

（三）加强高职院校自身内涵建设，提升合作能力

高职院校在主动应对国际化趋势、积极开拓国际交流与合作渠道的同时，应该重视自身内涵建设，为国际交流与合作提供保障，不断提升对外合作能力。当然国际交流与合作也会反过来促进院校的自身内涵建设。这是一个双向互动的过程。

1. 进一步完善运行机制，提高管理水平

我们与世界知名高职院校的差距不仅在人才培养模式、专业设置理念、课程开发框架、质量保障体系、师资队伍水平方面，更深刻地表现在学校的运行机制和管理水平上。高职院校内部目标不明、机制不顺、职责不清、协调不够、政令不畅、效率不高，这些都是学校管理中的硬伤，也是大家普遍认可的问题，严重制约着学校的发展。高职院校要主动借鉴世

界知名职业院校的经验，以国际交流与合作为抓手，加强管理理论的学习和运用，大胆突破一些运行机制中的障碍，提高管理能效，为更好地开展国际交流与合作奠定基础。

2. 加强国际化师资的培养

师资队伍的培养，既是高职院校发展的核心竞争力，也是中国高等职业教育走向世界的关键所在。当前我们要着力打造一支既懂专业又能熟练运用外语的国际化师资队伍。国际化师资的培养无外乎“引进”和“培养”两种途径。高职院校的引智工作必须结合高职院校自身的发展特点和人才培养的要求，实现以下几方面的转变：一是从单纯的语言教师引进向专业教师引进；二是单纯从教育机构引进向注重行业技师引进；三是从单纯教学师资的引进向教学师资、管理专家并重的引进；四是从目标分散、流动性很大的引进向目标集中、相对稳定的方式转变。

3. 构建多层次的国际化课程体系

课程的国际化是高等职业教育国际化的重要模式之一。经济合作与发展组织曾归纳了九种国际化课程的类型：第一，具有国际学科特点的课程（如国际关系、欧洲法律等）；第二，传统/原始学科领域的课程通过国际比较方法得以扩大（如国际比较教育）；第三，培养学生从事国际职业的课程（如国际商务、管理、会计）；第四，外语教学中的有关课程，讲授、学习特定的相互交流沟通问题，培养跨文化交流与处事技能；第五，科际课程，比如超过一个国家的地区研究；第六，旨在培养学生获得国际专业资格的课程领域（比如建筑师）；第七，合作授予的大专学历课程；第八，课程必修部分由海外当地教师授课；第九，包含有专门为海外学生设计的内容的课程。

高职院校要构建国际化的课程体系，一是做好课程分类，提出不同课程的国际化发展目标。从课程内容看，除一些反映本国民族或本地文化、知识、技能等特色的课程和涉及意识形态的课程内容外，其余课程均应逐步实现国际化，达到国际化标准，与国际接轨。尤其是应用技术领域、高新技术领域更要推进课程国际化的进程。因为高职院校学生就业领域大多集中在应用技术领域和现代服务业领域。从操作层面上看，每个专业所服务和面向的行业、企业有所不同，那些涉外专业一定要通过国际交流与合作提升专业设置的起点、课程开发的先进性。而一些仅服务于地方的专业可在内容上更多地保留本土的特点。

4. 突破瓶颈，积极促进学生国际交流

学生国际交流的途径与瓶颈都显而易见。从国际交流的途径来看，有海外升学、海外实习、合作院校短期交换生、姐妹校互访、世界技能大赛、文化交流活动等多种渠道，满足了不同类型学生的不同需求。同时也要积极开辟国内资源，让更多的学生不出国门就具有国际体验。比如与合作院校签订互换学生协议书，对于来校的外籍师生，利用中外结伴、文化活动等让更多的学生参与其中。充分利用外籍教师资源，开展校园文化活动。还应该努力承担地区的国际性活动的相关工作，如国际展会、国际赛事等。学生参与国际交流的瓶颈主要有两个：一是语言；二是经费。虽然进入高职院校的大部分学生英语水平不高，学习兴趣低，但学校仍不应短视地放低学生外语课程的教学要求。

5. 加强与跨国公司的深度“校企合作”

我国对外开放的政策、高速增长的经济和巨大的市场吸引了全球许多跨国公司前来投资。为跨国公司输送技能人才成为不少高职院校的目标之一。当前，高职院校要努力把单纯的向跨国企业输送人才转变为“校企合作”，利用跨国公司的行业前沿技术标准改造高职院校的专业标准，利用跨国公司的技术平台锻炼师资。要实现这个目标，首先要提高人才培养质量，跨国公司期望获得的是具有国际化理念、能在国际流动、能够进行跨文化沟通的技能人才。因此，高职院校要把跨国界的、跨文化的全球性观念和技能融合到教学中去。换句话说，满足跨国公司高技能人才要求的过程必然会促进高等职业教育自身的国际化，也是提高合作能力的过程。

第七章

高等职业教育集约化发展

第一节　高等职业教育发展的集约化特征

一、制度设计上的系统化

未来一段时间内，关系到高等职业教育发展的制度体系将会在以下三个方面不断健全和完善。

法律层面或者谓之宏观层面。国家关于高等职业教育发展的顶层设计将进一步优化。这种优化主要体现在“政府主导、行业指导、企业参与”的办学机制建设上，对政府、行业、企业、院校、学生及家长等不同参与主体的权责边界进行较为清晰的界定，并通过一系列的政策措施予以保障和跟进。

法规层面或者谓之中观层面。促进高等职业教育产教融合、校企合作的推动力度将进一步加大。这种力度将主要体现在高等职业教育服务、支撑乃至引领区域产业集群发展的能力建设上，将会在促进高等职业教育专业设置与产业发展契合度、高职院校在区域经济社会发展上的参与度和贡献上出台更多的政策措施，以对高职院校的办学导向进行引导和推动。

执行层面或者谓之微观层面。推动高等职业教育发展各项政策措施的力度将主动或被动地进一步加大。这种力度将主要体现在各类保障发展的政策，如生均经费拨款政策的有效落实，以及在因地制宜、因时制宜推进产教融合、校企合作上的区域创新等方面。

三个层面完善高等职业教育发展制度体系的出发点各不相同，侧重点也各不相同，但都需要系统思考、系统推动、系统发力。仅靠教育部门或者教育内部自身，是不可能有效地实现改进和提升的。

二、办学定位上的区域化

高等职业教育的区域化属性是由其定位决定的。高等职业教育作为高等教育的一种类型，经过多年尤其是近10年来的快速发展，其规模早已占据高等教育的半壁江山，成为我国高等教育大众化最重要的推动力量。从高等职业教育的发展历程来看，国家对高等职业教育的定位从侧重“高等性”逐渐向侧重“职业性”过渡，其“区域化”发展的特征也随着自身办学规模的扩大和内涵建设的深入以及区域产业转型升级发展而日趋明显。

（一）高等职业教育的区域化属性

归结起来，高等职业教育的区域化属性主要表现在以下四个方面。

1. 院校分布上的区域化

从高职院校的举办方类别情况看，主要是地方政府举办、行业举办、企业举办、公民个人举办四种类型。高职院校在全国市级行政区域基本实现了全覆盖。无论从高职院校的设置和举办目的情况看，还是从高等职业教育的数量和分布情况看，区域化都是高等职业教育的重要内在属性。

2. 院校招生上的区域化

高职院校的生源大部分来自其所在的省、市、自治区，而且从高职院校实际招生情况看，除少数知名度较高的院校外，大多高职院校的省外招生计划都不是很多。高职院校实际上主要是面对省级行政区域的。这也从一个侧面证明，高职院校是面向区域发展的，其人才培养的目的就是要服务区域经济建设和社会发展，如果失位或者缺位了，那么高职院校的存在和发展将失去支撑和依托。

3. 院校办学上的区域化

校企合作、工学结合是高职院校办学的必然选择，在专业建设、师资建设、课程建设、顶岗实习等人才培养的各个环节，限于时空成本，高职院校与本地行业企业的联系更加紧密，合作也更加深入。高职院校也只有通过面向区域发展、服务行业企业来办学，其发展的价值才更能得到体现和认可。从实际情况看，高职院校服务本地行业企业越多，成效越大，其在地方政府和本地行业企业能够争取的支持力度也越大，其社会声誉也越好。

4. 院校文化上的区域化

高职院校的校园文化不是单独存在的，必然与地域文化、产业文化、行业文化、企业文化共通互融。传承、发扬地域文化本身也是高职院校的重要社会责任之一。高职院校必须将地域文化、产业文化、行业文化、企业文化引入校园，通过有效的教育教学将其融入学生的成长、成人、成才的全过程，形成特色鲜明的校园文化，全面提升办学育人的软实力。

（二）高等职业教育的区域化发展存在的问题

在高等职业教育规模的快速扩张中，高等职业教育的区域化发展属性出现了方向性迷失。这主要体现在以下三个方面。

1. 顶层设计上的迷失

大多高职院校由中专学校升格而成，在办学定位上一度出现“中专翻版”和“本科压缩”两种趋向。在管理层面的政策引导下，高职院校虽然在如何服务地方经济社会发展上有所作为，但在必须要上规模、求生存的现实境地中，或多或少地陷入了办学定位的虚无化。从对高职院校开展的网络调查情况看，大部分高职院校都是在办学 3 到 5 年之后，在必须参加高职高专人才培养工作（水平）评估的重压之下，才开始真正明确办学指导思想、办学定位、办学理念等顶层设计。而且从实际情况来说，有的高职院校办学定位虽然提得很明确，比如说要立足地方、服务地方等，但更多的可能还是在文件上、在字面上的明确，实际行动以及行动的效果不尽如人意。高职院校改革发展的这种顶层设计，从无到有，从有到共识，从共识到行动，从行动到成效，本身也还有一个较长的过程。

2. 人才培养上的迷失

高职院校的使命是培养面向生产、建设、管理、服务第一线的高素质技能型人才，强调以就业为导向。结合我国人力资源开发和就业创业工作的实际，这本无可厚非。但在前几年，过分强调就业导向，一定程度上弱化了育人功能，致使高职院校的人才培养出现功利化趋势。这种功利化的现象在全国高职院校中普遍存在，比如说，在学校规模发展上的“饥不择食”，导致高职院校的专业设置小而全、千校一面，特色和优势难以彰显；在学生顶岗实习上的“有奶就是娘”，使高职院校的众多学生沦为廉价劳动力，没有取得锻炼和提升学生实践能力的预期成效；在毕业生就业创业教育上的“引导缺位”，让高职院校毕业生就业也出现严重的“孔雀东南飞”，服务区域发展的针对性和实效性欠缺；等等。这些功利化的办学行为，导致的最严重后果就是高职院校办学与区域经济社会发展脱节，一方面，区域产业发展得不到高职院校提供的技能型人才支撑，高职院校应该发挥的作用没有得到彰显；另一方面，高职院校办学也难以得到区域内政府和行业企业真正的支持和帮助，校地合作、校企合作的深度和效果难以得到提升。

3. 社会服务上的迷失

根据对部分高职院校年度人才培养状态数据的整理和分析，一些院校在服务行业企业发展、服务经济建设和社会发展上所做的工作不多，尤其是主动作为的不多，取得的成效也微乎其微。而且从可取得的数据通过年度比较来看，这些院校在社会服务上的进展也不是很大。虽然不排除少数高职院校在社会服务上做得很好，但这种社会服务上的缺位在全国高职院校中应是较为普遍的。究其原因，最主要的就是高职院校有意无意地忽略了自己办学育人功能之外的另一个重要功能，就是社会服务功能。作为与区域产业发展联系最为紧密的教育类型，高职院校在社会服务上应做的工作很多，可做的工作也很多，比如说职业培训、技术推广乃至技术开发，等等。但目前，很多高职院校把自己简单定位为专科人才的“制造工厂”，抓住一个“进口”和一个“出口”就完事了，而不是加强针对区域发展去加强自身的社会服务能力建设。

（三）高等职业教育的区域化发展的方向

随着高等职业教育内涵发展的持续深入，高等职业教育区域化发展的价值正在全面回归，并必将成为高等职业教育新一轮改革和发展的方向。

1. 表现在自身内涵建设上

高等职业教育在办学规模发展趋于稳定之后，必然要深入推进自身的内涵建设。高等职业教育内涵建设的核心是专业建设，其目的就是要使人才培养与经济社会发展紧密契合，与市场需求和岗位要求有效对接。所以，撇开一定区域谈高等职业教育的内涵建设，其意义将大打折扣。专业设置如果能够匹配区域发展的需要，那么在课程建设、师资建设、实习实训条件建设等方面就能有的放矢，可以集中优势资源去打造特色专业。围绕区域经济社会发展需求去推进专业建设，高职院校之间就必然会形成差异化错位发展的格局，而且高职院校在这种格局之中也必然会形成鲜明的院校特色和区域特色。在高等教育尤其是高等职业教育的生源危机日益显现的时候，高职院校通过推进区域化发展来加强自身内涵建设，就是要找准自身生存发展的切入点和出发点。

2. 表现在服务产业发展上

不同行政区域产业结构和布局是不相同的，而且产业发展本身也呈现出流动性态势。不同地区之间的产业承接和产业转移在今后较长时期内仍将存在，这也就决定了不同地区行业企业对高素质高技能人才的需求是多样化的，这也就要求肩负技能型人才培养重任的高等职业教育能够切实把这项重任落实好、完成好。高等职业教育只有面向区域产业集群建设、围绕区域行业企业发展，大力开展人才培养模式改革和教育教学方法创新，坚持与区域行业企业合作办学、合作育人、合作就业、合作发展，才能不断提升人才培养的针对性和实效性。在区域产业转型升级发展日新月异的时候，高等职业教育推进区域化发展来服务产业行业企业，就是要找准自身价值体现的着力点和出发点。

3. 表现在引领职教改革上

今后一段时期，职业教育的改革都将围绕构建现代职业教育体系这个核心来展开。职业教育是面向人人、面向全社会的教育，要形成全方位、全过程的现代职业教育体系，忽略空间地域的限制是不现实的也是不可能的。这也就要求高等职业教育必须切实发挥枢纽作用，做好与基础教育、中职教育、应用型本科教育等方面的衔接，做好与成人教育、社会培训等方面的对接，在办学理念创新、资源节约共享、专业课程建设、人才培养改革、服务行业企业等方面真正发挥引领作用，为区域职业教育的改革发展作出更大的贡献。在现代职业教育体系构建过程中，高职院校通过推进区域化发展来引领职教改革，就是要找准枢纽作用发挥的着力点和出发点。

三、资源配置上的整合化

就职业教育发展基础与现状而言，要实现这样的目标任重而道远，必须全面、准确地审视职业教育改革和发展中存在的突出矛盾和问题，以更加理性、更加科学的发展思维来推动实践创新。这种实践创新首先必须以破除当前职业教育办学体制机制上的瓶颈性障碍为基础，而职业教育管理资源与办学资源这两种资源的集约利用，也许正是这种实践创新最好的切入点。

（一）整合职业教育管理资源

管理是一种无形的资源，其科学性、有效性直接影响到职业教育的健康协调可持续发展。

（二）整合职业教育办学资源

职业教育是公认的高投入教育类型，需要大量的资金投入。

近年来，办学规模的快速发展大大促进了职业院校办学基础能力的提升。国家示范性中、高职院校建设计划的实施，仅中央财政就已为职业教育注入了数百亿元建设资金。另外，随着职业教育的办学声誉和社会地位的提升，行业企业资源以及社会资本投向职业教育的力度也在加大。从这个意义上来说，职业教育的办学资源正在以前所未有的速度汇集和丰富。但也要看到，不同省份、不同地区乃至不同院校之间，在职业教育办学资源上的差距正日益加大。如果说前期通过扶优扶强来树立职业教育改革发展的示范和标杆具有重要意义的话，那么现在对职业教育办学资源的优化配置和集约利用则更具现实价值。虽然优胜劣汰是市场经济的重要法则，对职业教育发展也不例外，但职业教育是重要的民生工程，同样需要均衡发展，尤其是在发达地区和欠发达地区之间。从一定意义上说，在职业教育办学理念已经逐步形成共识的情况下，对于能不能办好职业教育，更重要的可能还是实现这种理念的环境和条件。在投入总量仍然有限的情况下，目前至少可以在职业教育办学资源的优化配置和集约利用上有所作为。第一，着眼职业教育均衡发展变“扶优扶强”为“扶弱助弱”，加大对欠发达地区、欠发展院校的政策性投入，帮助这些地区、院校提升职业教育办学基础能力。第二，从机制上提升先进院校与后进院校帮扶结对的有效性，变“理念支持”为“教学资源共享上的支持”。第三，在省级层面加强主管部门和区域性主导行业在职业院校专业设置上的指导，推动职业院校差异化错位发展，变“大而全、同质竞争”为“小而精、异质互补”。第四，在地市层面或产业相对集中的区域内，通过区域性和行业性职教集团等各种有效形式，搭建本区域职业教育办学资源的共享平台、职业院校与行业企业的对话与合作平台，变院校之间的“竞争发展”为“合作提升”。

四、体系运转上的集团化

这里说的体系指的是现代职业教育体系。立足我国职业教育发展的实际情况，同时也为了避免现代职业教育体系建设难以跳出学历教育的思维惯性，在当前，以最小的成本来破除举办体制和管理体制带来的各种壁垒，以合适的平台来深度推进职业教育的产教融合与校企合作，职业教育集团化办学可能是一个最佳选择。

事实上，职业教育的集团化办学、集约式发展等办学机制创新方面的内容，在很多省份的教育发展规划中早已有明确的表述。但从规划到落实，从政策到措施，还必须找准工作推进的有效切入点。职业教育集团化办学这种办学体制上的创新，必须依靠地方政府以强大的“助推力”全面激发职业教育各利益相关者的“原动力”，才能在实践中取得更多更大的实质性成效。

（一）地方政府要加大对区域职业教育改革发展的资源统筹力度

因为职业教育多头举办的体制并不能在短期内得到有效解决，那么就更需要地方政府加强对职业教育资源的整合与统筹，这也是实现区域内职业教育集团化办学、集约式发展的前提条件。比如，是否可以通过加快落实职业院校生经费拨款来推进和实现不同类型职业院校的均衡发展？是否可以加大地方财政投入，新建或依托先进职业院校建立真正实现区域共享的公共实验实训基地？是否可以在机制上明确举办不同类型职业院校的主管统筹机构，以真正实现管办分离？

（二）地方政府要加大对区域职业教育集团化办学的制度创新力度

不同区域产业发展的重点不同、阶段不同，一定程度上决定了区域职业教育发展模式的不可复制性。地方政府应该结合区域实际，在国家关于职业教育改革发展的政策框架内，不断加强本地职业教育发展的制度体系建设。比如，在国家性法规暂未出台的情况下，是否可以对区域职业教育集团的组织架构、内部治理等方面提出明确的指导性意见，并从经费保障、资源投入等方面予以实质性支持，让职业教育集团既有名又有实；在校企合作上是否可以作出契合区域实际的制度性设计，以充分发挥本地产业园区和骨干企业的作用，引导其积极主动地参与到职业院校的人才培养中；在行业指导上，是否可以探索建立并向社会公开本地主导产业需要的技能型人才规格和标准，并通过实施区域认证等方式引导职业院校的人才培养模式改革。

（三）地方政府要着力汇聚区域职业教育集团化办学的实践创新合力

一方面，地方政府要通过区域职业教育发展的资源统筹和制度创新，充分保护、引导和发挥好职业院校、行业企业参与推进职业教育集团化办学的积极性和主动性，不断加大职业教育集团化办学的实践探索力度。另一方面，地方政府要为职业院校的区域化发展提供更多的平台，比如通过技术研发与推广、职业技能培训、园区创业培训等方式，着力提升职业院校在区域发展中的参与度和贡献率，以进一步增强区域职业教育对行业、企业的吸引力，让行业、企业在职业教育集团化办学中能够发现并实现自身的预期利益。

可以预见，如果地方政府能够在以上三个方面加大区域创新力度，职业教育集团化办学就一定不是无源之水、无本之木，甚至在不具有集团化办学外在形式的情况下，却已实现集团化办学的初衷。

第二节　高等职业教育集约化发展的理念框架

一、高等职业教育集约化发展的本质内涵

集约化发展以资源的稀缺性作为分析框架的逻辑起点，以节约内敛为原则，以实现可持续发展为目标，通过将分散的生产要素集中起来进行高效利用，提高经济效率和经济效益。区域高等职业教育集约化发展就是要在一定行政区域内，通过行政手段和市场手段，大力推动以政府主导、学校主体、行业指导、企业参与的高等职业教育办学体制机制创新，着力推进区域内高等职业教育各类办学资源的合理分布、整合优化和高效配置，实现高等职业教育与区域产业、行业、企业的高效对接，全面提升区域高等职业教育的办学能力和发展质量，全面促进区域现代职业教育体系的构

建和形成。这是在当前国家转变经济发展方式、推进区域差异化发展的大背景下，高等职业教育适应和促进区域发展，旨在强调通过资源整合利用来提升改革发展绩效的一种战略性选择。

二、高等职业教育集约化发展的外部动因

（一）高等职业教育内涵发展形成迫切需求

高等职业教育作为与区域发展联系最为紧密的教育类型，只能也必须以服务区域经济社会发展为重中之重。因此，高等职业教育内涵发展首先要找准办学的根基，这就要深入推进专业结构布局的调整和优化，切实服务区域经济社会发展。限于地域条件、办学基础等因素，高职院校在专业建设上只能推进差异化错位发展，集中优势资源去打造办学品牌。但也要看到，在高等职业教育生源危机已经越发明显的现实情况下，仅靠高职院校自身来做好专业建设，其动力必然不足，其成效必然有限。从高等职业教育自身来看，推进区域集约化发展已经成为必须重视和解决的重要课题。

（二）区域产业转型升级构建现实基础

产业集群是推动区域经济增长的重要方式。而区域差距导致产业跨区域迁移，这使得不同区域都面临着产业转型升级问题。因此，不同区域对高技能人才的需求，无论是从专业背景上还是从数量、质量上都是多样的。这就要求区域内高等职业教育能够为其提供有力的高技能人才支撑。但从当前该区域高等职业教育专业设置情况看，传统专业偏多，工科专业尤其是新兴专业明显偏少，人才培养与产业需求之间呈现出明显不对称。在推动区域产业集群建设加快实现转型升级的压力之下，地方政府更需要为产业发展做好服务，加快推动区域高技能人才培养体系的构建和完善。

（三）行业企业人才需求提供外在动力

如果说构建区域产业集群体系是地方政府着力推动的重要工作，那么建立一个稳固的可持续的高技能人才资源链则是行业企业必须着力解决的重要问题。随着高等职业教育的社会认可度日益提高，行业企业参与高职

办学的积极性和主动性也不断提升。但合作需要基础，需要共赢。教育部提出，要推进合作办学、合作育人、合作就业、合作发展，增强办学活力。践行四个合作，必然涉及高等职业教育各类办学资源要素的重新配置，包括实验室建设、实习实训基地建设、人才的双向流动、人才培养方案上的话语权，等等。要高效推动这四个合作，不能局限于一校一企。地方政府、行业企业、高职院校等各方要站在区域发展全局高度，以区域集约化推动并实现高等职业教育人才培养与人才需求之间的高效对接。

（四）现代职教体系构建提供广阔空间

从国家和教育主管部门的角度看，高等职业教育可谓重任在肩。但从现状看，高等职业教育自身尤其是体制机制上还有不少问题亟待破解。比如说，一般意义上的职业技术学院与技师学院的关系问题，高等职业教育与中职教育的关系问题，高职院校多头管理的体制问题，等等。这些问题放在全国范围内来看，似乎不是大问题，但放在一个特定区域来看则是制约现代职业教育体系构建的首要障碍。体制不清、关系不顺，将直接影响到区域职业教育办学资源的配置和优化，人才培养的针对性、系统化和多样性也将无从谈起。处在现代职业教育体系的枢纽和引领地位的高等职业教育，应该也必须主动作为，在区域化、集约化发展上进行深入的探索和创新，在理念和行动两个方面真正承担起这份责任。

三、高等职业教育集约化发展的基本策略

高等职业教育集约化发展涉及方方面面，必须妥善解决好各方的利益诉求和利益调整问题，应以全面的政策协调推动为先导，以强力的高职办学资源整合为主线，以深入的校地、校企、校校合作为支撑，才能有效推动高等职业教育集约化发展格局的形成。

（一）以全面的政策协调推动为先导

1. 建立健全高等职业教育改革发展的保障机制

首先，要健全高等职业教育生均经费投入保障机制，在适当的时机应

考虑建立省市财政分级投入的办法，推动区域高职院校的均衡发展。其次，要明确高职院校举办方的举办责任，加大办学督查和责任追究力度，确保高等职业教育的改革发展有良好的外部支持。最后，要加快校企合作、社会捐助等方面的地方法规建设，不断调动行业企业乃至全社会参与高职办学的积极性和主动性。

2. 打破制约高等职业教育改革发展的现实壁垒

首先，要创新区域高等职业教育的管理体制，在省教育主管部门层面应单设高等职业教育处或职业教育处，以落实对高等教育的分类指导，统筹职业教育的改革发展。其次，要完善区域高等职业教育的合作机制，站在区域产业集群建设发展和产业转型升级的高度，整合高职办学资源，有效建立高职院校举办方之间、高职院校之间、高职院校与行业企业之间的不同层次的合作平台，打破实际存在的行政区划壁垒和“门户之见”。最后，要完善高等职业教育、中职教育、基础教育、成人教育的有效衔接机制，不断探索创新区域职业教育的招生模式，努力推动以高等职业教育为龙头的“大职教”格局的形成。

（二）以强力的办学资源整合共享为基础

1. 专业设置的合理布局

省级教育主管部门应结合区域产业发展对高技能人才的需求，制定区域高等职业教育专业建设和发展规划，明确区域高等职业教育专业建设的目标和任务，对高职院校的专业建设实行统筹管理、分类指导。要充分发挥专业设置的审批备案机制，引导高职院校的错位差异化发展，尽可能地降低院校之间在人才需求有限的情况下的同质化趋向，防止恶性竞争局面的形成。要通过人才培养、工作评估等手段，引导高职院校人才培养模式改革和创新不断走向深入，尽可能地提高人才培养的针对性和实效性，在提升人才培养质量、效率的同时全面彰显院校的个性特色。要通过示范性高职院校建设，形成一批一流专业，打造一批优质共享型教学资源库，并充分发挥好示范院校的示范、引领和带动作用。

2. 对三类资源的高效整合

要整合区域内高职院校的办学资源，充分利用和发挥好各高职院校现有的基础和优势，以现有的“A 联盟”等合作机制为平台，进一步丰富各高职院校之间合作的形式和内涵，大力推动教师互聘、学生互派、课程互选，探索学分制、弹性学制改革并实现学分互认，真正形成区域高等职业教育发展的“雪球效应”。要整合区域内行业企业的办学资源，充分利用和发挥好行业企业在技术、设备等方面的基础和优势，以现有的各级产业园区和建设中的产业转移集中区为平台，深入推进校企双主体“合作办学、合作育人、合作就业、合作发展”，并努力推动高职人才培养从“校企双主体”向“校企一体”的实质性转变，真正形成区域产业集群发展的“集聚效应”。要整合区域中职教育、基础教育、成人教育以及各类培训教育的办学资源，充分利用和发挥周边城市带的人口优势，以正在努力构建的教育“立交桥”为平台，充分发挥高等职业教育在其中的核心枢纽作用，不断探索和创新高等职业教育与中职教育、基础教育、成人教育以及各类培训教育的衔接、对接机制，着力提高终身教育体系构建的效率和效果，真正形成区域教育事业发展的“雁阵效应”。

（三）以深入的校地、校企、校校合作为支撑

在校地合作上，须坚持“支持”和“服务”相结合。在产业园区（地方政府）方面，要对照国家关于教育体制改革、安徽省关于职教大省和高教强省建设的要求，把相关政策贯彻到位、执行到位、落实到位。不断健全和完善支持高等职业教育发展的工作机制，有力整合人才、技术、培训等方面的资源，为高职院校与行业企业之间合作，为高职院校融入地方、服务地方提供更多更好的平台。高职院校方面，必须进一步增强社会服务意识，以服务求支持，以服务求发展，真正彰显高职院校的生存和发展价值。要充分依托自身资源优势，在地方产业规划、产业园区建设、行业企业发展等方面主动献计献策，在行业企业人力资源开发、农村劳动力转移培训、职业资格培训和鉴定、技术推广和应用等方面主动提供优质服务。

1. 在校企合作上，须坚持“一体”和“共赢”相结合

校企之间的合作应是全过程、全方位的，在人才培养上应坚持“一体化”，努力实现多方共赢。“一体化”要求行业企业全面参与高职院校的专业建设方案、人才培养规格的制定以及专业课程建设、实践教学、顶岗实习、学生就业创业、校园文化建设等人才培养的具体工作；要求高职院校根据不同专业人才培养的实际要求，全面引入和发挥行业企业在科技、人才、市场乃至经营理念等方面的优势，高效率地投入高素质高技能人才培养中去；要重点解决好行业企业在人力资源开发利用上的实际需求问题，体现并发挥好行业企业在社会价值和企业价值取向；要重点解决好高职院校在人才培养中面临的办学理念、办学条件等方面的问题，努力提升人才培养的质量、效率和效果；要重点解决好高职毕业生目前广泛存在的实践能力与岗位要求不一、职业能力与时代要求不一的突出问题，进一步提升高职毕业生的就业率和就业质量。

2. 在校校合作上，须坚持“衔接”和“共享”相结合

这里所谈到的校校合作，不仅是高职院校之间的合作，也包括高职院校与中职院校、普通中学、社会培训机构等之间的合作。因为各合作主体之间性质、发展方向、发展重点的不同，所以合作要取得成效，必须做好“衔接”和“共享”。高职院校之间的合作，要以错位差异化发展为基础，加强公共实训基地、专业建设方案、课程建设、人才培养模式创新等方面的信息和资源共享，加大毕业生本地就业市场的共同建设和开发，携手共同发展。高职院校与中职院校、普通中学之间的合作，要以服务学生成长成才为基础，进一步增强合作的指向性，妥善解决部分中职学生、初高中毕业生进入高职院校继续学习深造的体制性障碍，同时也要努力推动办学资源的共享利用。高职院校与社会培训机构的合作，要以服务区域终身教育体系构建为基础，不断提升合作的深度和广度，不断丰富合作的形式和内涵，为建设学习型社会、服务区域经济社会发展提供有力的保障。

四、高等职业教育集约化发展的参与主体

（一）政府：主导推动

1. 高等职业教育内部壁垒的打破

高等职业教育目前实际上应该分为两块，分别由教育部门和人社部门管辖指导。在教育部门这一块，以职业技术学院为基本形式，主要有省级教育主管部门举办、行业主管部门举办、市级政府举办、企业（集团）举办、公民个人举办等五种类型。就皖江城市带而言，无论在办学资源上，还是在办学实力、办学影响等方面，梯队化格局都比较明显。省级教育主管部门、行业主管部门举办的高职院校为第一梯队，企业（集团）、市级政府举办的高职院校为第二梯队，公民个人举办的高职院校为第三梯队。虽然不同类型高职院校各具优势，但不可否认其在生存和发展空间上还是有巨大差距的。而在人社部门这一块，则以技师学院和高级技工学校为基本形式，对一般意义上的职业技术学院而言大多尚处在高等职业教育举办初期，国家对其办学定位目前还没有明确，但其因主管部门政策上大力扶持，现已具有相当规模且发展态势较好。总之，高等职业教育内部，因举办体制问题，要实现资源统筹整合高效利用还有很多工作要做。

2. 高等职业教育与中职教育之间壁垒的打破

但就区域职业教育而言，中职、高职的隶属关系五花八门，在行政化色彩短时间内难以消除的今天，举办方和主管部门的多元化和多样性实际上直接导致二者成为“两张皮”，在合作、衔接上难以找到广泛、深入的共同语言。目前，中职与高职之间除了在五年制高职和对口招生上发生联系外，更多的交流可能仅仅来自院校之间、人员之间传统的友好关系，而在资源的整合和相互的衔接上难以发生更多实质性关联。这种发展模式在前期推进职业教育规模发展和高等教育大众化的迫切需求下具有重要积极意义，但现在则已很难适应职业教育和高等教育的良性发展需要，必须尽快破局。

3. 高等职业教育与行业企业之间壁垒的打破

虽然基于刚性需求，高等职业教育与行业企业的联系越发密切，合作的形式、内涵也日益丰富。但高等职业教育校企合作仍尚未形成良好的机制，合作的深度和广度还有待进一步深入。究其原因，无外乎三个方面：首先是行业企业的社会责任缺少政策性界定和约束，致使其参与高职办学的外部动力不足；其次是在校企合作中的收益显现可能需要一个较为长期的过程，而行业企业利益获取或补偿也暂时还存在政策性缺失，致使其参与高职办学的内在动力不足；再次是高职院校本身尚未形成优势和特色，行业企业认为双方合作难以实现共赢，对其参与高职办学的吸引力不足。现阶段要解决这些问题，必须有赖于政策性主导和推动。

（二）院校：主动作为

1. 在内涵建设上主动作为

高职院校内涵建设包括专业建设、课程建设、师资建设、基础设施建设、管理服务能力建设等方面。在专业建设上，高职院校应树立可持续发展的理念，不能继续走什么热门就开设什么的老路，要主动加强与行业企业的对接，注重打造优势品牌专业，形成鲜明的办学特色。应围绕优势和特色专业及专业群来推动人才培养模式改革，围绕职业岗位素质和能力要求来进行课程开发和教学方法、教学手段的创新，围绕人才培养的针对性和实效性来建设高素质双师型的专兼职教师队伍，切实提升人才培养工作质量。另外，高职院校办学时间普遍不长，办学定位的调整、办学理念的更新、办学规模的扩张等，都不断给管理服务能力提出了更高的要求，必须不断完善高效、有序的内部管理运行机制，才能为教育教学提供坚实有力的保障。

2. 在开放办学上主动作为

对高职院校来说，坚持立体的、全方位的开放办学，深入开展校企合作、校地合作、校校合作、国际合作，是进一步优化发展外部环境的前提和基础。校企合作方面，要努力形成“校中厂、厂中校”的互利共赢的合作机制，不断丰富合作的发展内涵和时代内涵。校地合作方面，要努力构建“以贡献求支持、以服务求发展”的携手共进的合作机制，不断以社会服务的提升彰显自身的发展价值。校校合作方面，要努力形成“资源共享、异质竞争”的错位发展的合作机制，努力推动一定区域内高职院校的差异化发展。

3. 在创新发展上主动作为

无论是内涵建设，还是开放办学，都需要高职院校以创新的理念、创新的实践来推动。这其中，虽然有外部推动，但更多是高职院校的积极主动作为。所以可以说，没有创新发展就没有高等职业教育的今天，也只有创新发展才会有高等职业教育的更好明天。

（三）行业：指导协调

1. 在人才培养与需求对接上的指导协调

不同产业集群建设对人才的结构性需求不同，对此最有发言权的是行业主管部门和各类同业协会机构。其应该也能够根据产业建设和行业发展，对高端技能型人才的中长期需求作出预测分析，指导企业制定人力资源规划，指导高职院校推进专业建设，使人才的培养与需求能够高效对接和紧密衔接，减少人才培养和使用的中间环节，提高人才培养的效率和效果。

2. 在高职院校与企业合作上的指导协调

行业和主管部门和各类同业协会机构，应站在产业集群建设的全局高度来指导高职院校与企业在合作办学、合作育人、合作就业、合作发展上进行探索和实践，既引导企业树立社会责任意识参与到教育公益事业中来，又促进高职院校立足产业、行业发展来办学育人。

3. 在政策推动与实践操作上的指导协调

当前，深入开展校企合作还面临很多诸如法律法规不完善、不健全等政策性瓶颈。行业和主管部门和各类同业协会机构，既可以在国家法律法规尚未出台或不太完善的情况下推动地方政府出台地方性法规，规范、促进校企合作的深入开展，也可在现有政策框架内以职教集团、办学联盟等形式为基础，推动高等职业教育办学模式创新，促进并实现校企双主体乃至校企一体办学，着力提升合作的内涵和实效。

（四）企业：深度参与

1. 在人才培养方案论证上的深度参与

理论与实践相比较，具有一定的滞后性。人才培养与现实需求相比较，也存在一定的滞后性。尤其是信息社会下新技术、新材料的使用，使高职院校的课堂与企业的岗位之间不可避免地出现一道鸿沟。而消弭这道鸿沟，最简捷、有效的方法就是作为用人单位、代表行业发展方向的企业，从高职院校的专业设置开始，在课程安排与教材开发使用、理论与实践教学等各个环节都全过程、全方位地参与其中。

2. 在高职办学资源整合上的深度参与

高等职业教育是一个高投入的教育类型，集中体现在实验实训条件等办学基础能力上。单纯靠政府投资或学校自筹，当前在资金投入上都面临着极大困难。企业与高职院校可以共建共享共赢为基础，以“厂中校”或“校中厂”模式为基本形式，在企业资本参与高职办学、高职院校举办参办企业两个方面进行探索，在资源集约利用上找到实现双方利益诉求的平衡点。

3. 在毕业生实习和就业上的深度参与

前述两种企业在高职办学中的深度参与，其重要目的是解决人才培养与需求的衔接问题。企业应树立科学的人才观，从帮助高职院校解决毕业生顶岗实习和就业工作入手，把高职院校毕业生就业实习一体化作为企业高端技能型人才培养战略规划的重要组成部分，而不是仅仅把高职院校毕业生作为临时应急的廉价劳动力来看待。这既利于企业解决人才需求问题，同时也能增强人才对企业的亲切感和归属感。

第三节　高等职业教育集约化发展的改进优化

结合前文分析与探讨，本节立足院校一线实践，重点从管理创新、市级统筹、资源集约、需求导向等四个方面提出深化高等职业教育集约化发展的对策建议。

一、推进管理创新

（一）加快形成省市两级统筹的管理架构

1. 省级层面成立加快现代职业教育发展促进指导委员会

省级政府应专门成立加快现代职业教育发展促进指导委员会，建议由常务副省长任委员会主任，省教育厅、财政厅、人社厅及其他各行业主管部门作为委员会成员单位。委员会下设办公室，是今后较长一段时期内统筹指导省级职业教育改革发展的常设机构。委员会办公室设在教育厅，由分管副厅长任办公室主任，并整合现有高教处和职成处的管理资源，负责对全省职业教育改革进行指导与管理。

2. 省辖市层面也相应成立加快现代职业教育发展促进指导委员会

建议由常务副市长任委员会主任，市教育局、财政局、人社局及其他行业主管部门作为委员会成员单位。委员会下设办公室，是今后较长一段时间内统筹指导区域内职业教育改革发展的常设机构。委员会办公室设在市教育局，由分管副局长任办公室主任，并整合相关职能处室和院校资源或依托区域性职教集团，负责对本市职业教育改革发展各项政策措施的落实与推动。

（二）加快形成多方协同共进的发展格局

1. 尽快出台并贯彻落实国务院的相关政策措施

在《国务院关于加快发展现代职业教育的决定》发布以来，省级政府陆续出台贯彻落实决定精神的实施意见，对加快区域现代职业教育发展作出总体部署。同时，就产教融合、校企合作、市级统筹、区域现代职业教育体系建设等涉及职业教育改革发展的重大宏观问题出台若干地方性法规，明确政府、行业、企业、职业院校各自应该承担的责任和义务，维护、实现和保障行业、企业、职业院校等各方正当利益诉求。

2. 大力发展区域性职业教育联盟

以现有的行业性职业教育集团为基础，加快推动职业教育集团化办学，尤其是大力推动区域性职业教育联盟建设。鼓励区域性职业教育联盟在构建多方参与的组织架构上下功夫，努力形成区域产业链与职业院校专业群之间的对接合作平台，促进教学链与产业链的深度融合。鼓励区域性职业教育联盟拓展资源集聚的渠道和途径，探索以产权作为纽带在各成员单位之间形成稳固的利益共同体关系。鼓励行业主管部门和省辖市政府在推动本行业、本区域职业教育集团化办学上出台扶持和促进政策，尤其是要充分整合、统筹政策资源，确保职业教育涉及各方的政策落实和执行到位。

3. 加大职业教育改革发展宣传力度

各级政府、各职业院校要把职业教育宣传工作摆上重要议事日程，加大职业教育宣传工作的精力、财力投入，着力优化职业教育改革发展的舆论环境和社会氛围。各级教育主管部门要牢牢把握职业教育改革发展大势，突出抓好职业教育政策解读、教育教学改革经验、校企合作等方面宣传报道。各级产业主管部门要突出抓好技术技能人才供求信息的调查、预测和发布以及产业政策解读、行业先进人物、就业创业典型等方面的宣传报道工作。各职业院校要认真总结提炼专业建设、课程建设、人才培养模式改革、校企合作、教研科研、社会服务等方面的改革发展成果，并积极通过各种媒体面向社会广泛宣传发布，以不断提升职业教育的社会吸引力和美誉度。

（三）加快探索专业产业对接的有效路径

1. 鼓励行业部门创新发挥指导作用

首先，要发挥行业在重大政策研究、人才需求预测、职业资格制定、就业准入、专业设置、课程与教材开发、校企合作、教学改革、教育质量评价等方面的重要作用，将适合由行业承担的工作，通过授权、委托等方式交给行业承担，并给予政策和资金等方面的支持。其次，要加强分类指导。对有行政职能的行业组织、大型企业牵头的行业组织、政府机构改革转制形成的行业组织、市场中自发形成的行业组织等分类制定指导政策。最后，要健全体制机制。研究制定支持并鼓励行业主管部门、行业组织、企业指导职业教育的模式、方法和政策，建立行业对职业教育工作进行研究、指导、服务和质量监控的体系。支持有条件的行业组织充分利用其自身优势，构建企业与职业院校的产教合作平台，推进中高职衔接等工作。虽然这是对行指委提出的要求，但对从省级层面来推动行业部门创新发挥指导作用，同样具有重要的指导意义。

2. 鼓励产业园区创新发挥平台作用

从经济的视角来看，产业园区企业家的聚集、产业的聚集、技术的聚集可以形成经济发展上的规模效应，带来规模效益。从教育的视角来看，教育伴行，特别是职业教育伴行，是职业教育立足产业园区、依托产业园区、服务产业园区的重要前提。各产业园区应立足于保障园区内企业技术技能人才需求，切实发挥好平台作用，在园区企业与职业院校之间搭建沟通、对接、协作的服务平台。在这一点上，苏州工业园区、广州经济技术开发区等已经作出了富有成效的探索，其经验非常值得安徽省产业园区学习、借鉴。

二、深化市级统筹

（一）着力破除职教体制上的门户之见

1. 推行管办分离，形成“大职教”格局

管办分离虽然已经提出多年，但事实上一直未能得到很好的体现。其

中，最重要的原因就是市级政府不愿意承担对辖区内职业教育改革发展的统筹责任。职业教育要真正破除体制上的各种壁垒、障碍，在省辖市这个区域层面无疑是最直接也是最合适的。市级政府要创新区域职业教育的管理体制，完善区域职业教育的合作机制，站在区域产业集群建设发展和产业转型升级的高度，统筹与整合区域内职业教育办学资源，有效建立职业院校举办方之间、职业院校之间、职业院校与行业企业之间的不同层次的合作平台，打破实际存在的行政区划壁垒和“门户之见”。市级政府还要完善区域内应用型本科、高等职业教育、中职教育、基础教育、成人教育的有效衔接机制，不断探索创新区域职业教育的招生模式，努力推动区域内“大职教”格局的形成。

2. 推行资源共享，形成“大集约”格局

市级政府要充分利用和发挥好各职业院校现有的基础和优势，基于院校之间的差异化错位发展，以职教联盟或职教集团等形式，进一步丰富各职业院校之间合作的内涵，大力推动实训共享、教师互聘、学生互派、课程互选等资源整合。要整合区域内行业企业的办学资源，充分利用和发挥好行业企业在技术、设备等方面的基础和优势，以现有的各级产业园区为平台，深入推进校企双主体“合作办学、合作育人、合作就业、合作发展”，并努力推动职业教育人才培养从“校企双主体”向“校企一体”的实质性转变。要整合区域应用型本科、高等职业教育、中职教育、基础教育、成人教育以及各类培训教育的办学资源，充分发挥高等职业教育在其中的核心枢纽作用，不断探索和创新高等职业教育与其他办学主体之间的衔接、对接机制，着力提高区域终身教育体系建设的效果。

（二）着力培育提升区域行业组织力量

1. 立足产业链，引导龙头企业带动

在培育区域性行业组织的思路上，立足区域产业链的建设和发展，引导龙头企业来带动，也许是效率最高的方式。作为市级政府和产业主管部门，应围绕区域产业发展实际，借助龙头企业在行业内的资源优势、信息优势和品牌优势，积极推动行业组织建设。对于这种由龙头企业带动的行业组织，应结合行业实际和工作实际，通过各种方式来鼓励引导其承担本区域本行业技术技能人才规格标准的制定以及技术技能人才需求的预测预警等职能，鼓励引导其深入参与到产业链与职业教育相关专业群的对接协作中去，鼓励引导其积极参与本行业校企合作的指导与协调。

2. 立足企业群，引导小微企业抱团

从安徽、湖北等经济欠发达省份当前实际情况来看，部分产业发展还并不发达，也没有什么特别突出的龙头企业。在这种情况下，更需要市级政府和产业主管部门加大区域性行业组织的培育力度。市级政府和产业主管部门应通过各种方式，立足中小企业群，鼓励和引导本地同行企业整合力量、抱团发展。这种区域性行业组织并不一定需要什么统一的外在形式，只要能一定程度上实现行业资源的集聚整合功能，就应该得到鼓动与支持。总之，就是要在本地产业集群建设与职业教育发展之间架起一道合作之桥，其根本目的是从普遍意义上降低企业技术技能人才队伍建设的成本。

（三）着力提升区域性职教联盟的内涵

1. 明晰功能定位，发挥平台价值

区域性职业教育联盟的功能定位应围绕开放共享的“政策信息沟通平台、专业产业对接平台、教学资源共享平台、人才培养合作平台、科研服务合作平台、对外交流合作平台”等六大平台来实现，以推动本区域职业教育发展的资源集聚、信息集聚、服务集聚、特色集聚和品牌集聚，加快形成职业教育在区域经济社会发展中的“高地”效应。

2. 把握发展路径，彰显集聚效应

区域性职业教育联盟因其地缘性特征明显，其建设和发展只能因地制宜、因时制宜，不可能有统一的模式可循，但仍然需要在实践中把握好以下三点。

（1）政府主导，统筹发展

必须以区域内职业教育的资源整合优化与集约共享为核心，以契合区域产业发展的技术技能人才培养为纽带，以区域内深度的校校合作、区校合作、企校合作办学为着力点，着力形成“统筹发展、资源共享、优势互补、合作共赢”的区域职业教育发展新格局，促进区域职业教育提升质量、办出特色、形成品牌，更好地服务区域产业结构调整和转型升级，更好地服务区域产业集群建设和行业企业发展。

（2）契约联结，多方协同

从联盟协作机制来看，区域性职业教育联盟可实行理事会负责制或指导委员会负责制，其秘书处可由一所先进职业院校担任或由几所职业院校轮流担任，理事会下设若干专业群产教融合协作委员会，着力提升专业群的内涵来对接产业链的发展。从联盟利益保障来看，政府应鼓励联盟各成员单位创新探索，法无禁止即可为，充分激发各方参与职业教育办学的原动力。

（3）资源共享，优势互补

要整合区域内职业院校办学资源，充分利用和发挥好现有基础和优势，以联盟为平台，进一步丰富职业院校之间合作的形式和内涵，大力推动教师互聘、学生互派、课程互选，探索学分制、弹性学制改革并实现学分互认，推动区域职业教育发展上的整体性提升。要整合区域内行业企业的办学资源，充分利用和发挥好行业企业在技术、设备等方面的基础和优势，以区域内产业园区为平台，深入推进校企“合作办学、合作育人、合作就业、合作发展”，并努力推动高职人才培养从“校企双主体”向“校企一体”的实质性转变。

三、强化资源集约

（一）着力强化优势专业（群）建设

1. 以专业群建设，引导职业院校差异化发展

产教融合、校企合作的最终落脚点是专业群建设。围绕区域产业转型升级和经济发展方式转变，编制出台区域《职业教育专业（群）建设与发

展规划》，统筹调整优化区域职业教育专业（群）布局与层次结构。引导区域职业院校重新规划、论证和完善学校发展顶层设计，明确学校发展重点服务域和重点建设专业群，推动区域职业院校面向区域产业集群差异化错位发展。通过专业设置审批、招考制度改革、招生计划调控等手段，不断完善职业教育专业设置的动态调整机制，着力强化同一专业群不同层次的协调与衔接，推动职业教育专业（群）建设的规范化、特色化与品牌化。

2. 以专业群建设，推动院校产业协同化发展

全面加强省市两级统筹，着力健全政府主导、行业指导、企业参与的办学机制，深入推动职业教育集团化办学，努力为职业教育专业建设搭建产教融合、校企合作的良好平台。鼓励省辖市政府按照管办分离原则整合区域内职业教育发展资源，统筹、指导、推动区域内职业教育专业（群）建设。着力促进地方产业部门与行业组织在技术技能人才需求预测预警、人才规格标准、企业参与职业院校办学等方面充分和有效发挥指导作用。鼓励地方产业部门、行业协会、大中型企业联合或依托职业院校组建学校二级专业学院，鼓励职业院校在部分专业（群）建设上探索混合所有制试点。对深度参与职业教育专业（群）建设的企业，通过税费减免、项目倾斜、政府奖励等方式给予扶持和鼓励。

（二）着力强化特色实训基地建设

1. 大力建设区域共享公共实训基地

公共实训基地建设必须实行由“点”到“面”的扩展，将公共实训基地作为体系来建设，着力避免重复投资与重复建设。结合实际，区域共享性的公共实训基地可依托区域内先进职业院校，集中资金投入进行改建或联合兴建，突出“高”（高端职业和技能）、“新”（新兴职业和技能）、“长”（长周期技能开发）、“前”（前瞻性技能开发），重点开展单个学校和企业无法承担的职业技能培训服务。这类公共实训基地在体系内的功能定位为引领性、示范性的应发挥高端带动作用。而对于更多的职业院校来

讲，则可以通过政府补贴的方式，改善其实训基础性条件，形成一批中小型的专业性公共实训基地，功能定位主要是基础能力的开发与培训。通过这二者有机结合，实行“差别化建设、错位发展”，才能更合理地配置资源和利用资源，实现又好又快地发展。在这里，要强调指出的是，公共实训基地仅靠教育部门是无法建立起来的。

2. 大力创新公共实验实训基地运营模式

要全面深化公共实训基地与企业协调配合的紧密程度，全面调动企业为实训基地提供支持的积极性。应出台相应的扶持政策为实训基地和企业合作提供保障，促进双方在合作过程中实现互利双赢。比如，当企业为实训基地进行资金投入或者提供装备时，应当给予其税费减免政策，特别是对组织员工到实训基地中进行培训的中小企业，应给予其适当水平的补贴，降低企业的管理成本与培训费用。政府应该借助信息化技术建设和完善职业教育公共实训服务网络。通过这个网络，一方面面向社会公示基地实训项目及能力培养的目标，以便受训人员进行自主选择；另一方面可以通过网络合理分配实训任务，平衡资源利用水平，避免出现闲碌不均现象。

（三）着力强化现代职教体系建设

1. 深化招生录取制度改革

高等职业教育考试招生制度改革，要立足适应经济社会发展需要，着眼优化教育结构和提高教育质量，遵循高等职业教育人才选拔和培养规律，促进普通高中和中等职业学校实施素质教育，为学生发挥个性潜能提供多样化选择。按照有利于科学选拔人才、促进学生健康发展和维护社会公平的原则，逐步与普通高校本科考试分离，重点探索“知识+技能”的考试评价办法，为学生接受高等职业教育提供多样化入学形式，逐步形成省级政府统筹管理、学生自主选择、学校多元录取、社会有效监督的中国特色高等职业教育考试招生制度。

就目前情况而言，职业教育生源不足，中职、高职专科、应用型本科乃至成人教育、开放教育如何有序协调发展，是当前摆在我们面前的一个重要问题。近几年，各地一直在大力探索招生录取制度改革，也取得了较好的成效。今后，可能需要进一步加强现状调研，出台更多针对性强、操作性好、实效性好的政策措施。近期，尤其可能需要注意三个问题：一是普通本科高校应全面停止专科招生，以防止吸走大量职业院校生源；二是应用型本科高校转型发展职业教育后，其面向中职学校自主招生的比例不宜快速扩大，应循序渐进；三是充分发挥现有高职院校在现代职业教育体系建设中的枢纽作用，围绕专业群建设彻底打通技能型人才成长通道及其进出长效机制，推动现代职业教育体系内的上下衔接和协调发展。

2. 深化人才培养模式改革

在加快构建现代职业教育体系的过程中，应以行业企业与职业院校共同制定教学标准为基础，不断建立健全全日制教育与非全日制教育、学历教育与非学历教育、职业学校教育和职业培训、中等教育与高等教育等各级各类教育互联、畅通的学分认可机制，积极探索建立技能与学分的转换机制；应探索推行弹性学制、学习成果认证和“学分银行”制度，为有实践经验的学习者提供接受更高层次职业教育的机会；鼓励和支持中职院校、高职院校、应用型本科院校合作推进基于专业接续、课程衔接、学分互认的联合培养模式改革；强化职业教育与基础教育的有效对接。在小学开设劳动体验和认知课程，初级中学开设职业认知和劳动技能课程，普通高中开设职业生涯规划和职业技术课程，引导学生树立正确的求学观、择业观、成才观，热爱劳动、尊重劳动。推进高中教育多样化，建立普通高中与中等职业教育学分互认、学历互通机制。

3. 深化社会培训制度改革

当前我国社会培训资源尤其是政府财政支持的社会培训资源相对分散，部分培训项目并未取得预期成效，甚至已经成为部门利益、行业利益的一块“自留地”。在加快构建区域现代职业教育体系的过程中，应将各级各类社会培训资源整合，而职业教育因为与区域经济社会发展联系密切，天然地成为实现这种整合的最佳平台。而这种整合，完全可以在省市两级加快现代职业教育发展促进指导委员会的架构下顺利实现，并且做到项目统筹、经费统筹、渠道统筹。

职业院校自身也完全可以不断拓展职业教育的社会服务功能，充分利用自身资源和信息优势，构建城乡继续教育网络、支持在职人员继续学习、增进职业能力，面向城乡社区提供科学技术、文化艺术、健康生活等教育服务，促进社区居民整体素质和生活质量的提高，促进终身教育体系和学习型社会建设。在这个方面，马鞍山电大已经在实践中作出了很多富有成效的探索。

四、坚持需求导向

（一）着力引导推动行业企业深度参与院校办学

1. 引导推动行业发挥好指导协调作用

（1）在人才培养与需求对接上的指导协调

不同产业集群建设对人才的结构性需求不同，对此最有发言权的是行业主管部门和各类同业协会机构。其应该也能够根据产业建设和行业发展，对高端技能型人才的中长期需求作出预测分析，指导企业制定人力资源规划，指导高职院校推进专业建设，使人才的培养与需求能够高效对接和紧密衔接，减少人才培养和使用的中间环节，提高人才培养的效率和效果。

（2）在高职院校与企业合作上的指导协调

行业和主管部门和各类同业协会机构，应站在产业集群建设的全局高度来指导高职院校与企业在合作办学、合作育人、合作就业、合作发展上进行探索和实践，既可引导企业树立社会责任意识参与到教育公益事业中来，又可促进高职院校立足产业、行业发展来办学育人。

（3）在政策推动与实践操作上的指导协调

当前，深入开展校企合作还面临很多诸如法律法规不完善、不健全等政策性瓶颈。行业和主管部门和各类同业协会机构，既可以在国家法律法规尚未出台或不太完善的情况下推动地方政府出台地方性法规、规范，促进校企合作的深入开展，也可在现有政策框架内以职教集团、办学联盟等形式为基础，推动高等职业教育办学模式创新，促进并实现“校企双主体”乃至“校企一体”办学，着力提升合作的内涵和实效。

2. 引导推动企业深度参与办学育人

（1）在人才培养方案论证上的深度参与

理论与实践相比较，具有一定的滞后性。人才培养与现实需求相比较，也存在一定的滞后性。尤其是新技术、新材料的使用，使高职院校的课堂与企业的岗位之间不可避免地出现一道鸿沟。而消弭这道鸿沟的最简捷、有效的方法，就是作为用人单位、代表行业发展方向的企业，从高职院校的专业设置开始，在课程安排与教材开发使用、理论与实践教学等各个环节都全过程、全方位地介入和参与其中。

（2）在职教办学资源整合上的深度参与

职业教育是一个高投入的教育类型，集中体现在实验实训条件等办学基础能力上。在资金投入上单纯靠政府投资或学校自筹，都面临着极大困难。企业与职业院校可以共建共享共赢为基础，以“厂中校”或“校中厂”模式为基本形式，在企业资本参与职业院校办学、职业院校举办参办企业两个方面进行探索，在资源集约利用上找到实现双方利益诉求的平衡点。

（3）在毕业生实习和就业上的深度参与

前述两种企业在职业院校办学中的深度参与，其重要目的是解决人才培养与需求的衔接问题。企业应树立科学的人才观，从帮助职业院校解决毕业生顶岗实习和就业工作入手，把职业院校毕业生就业实习一体化作为企业高端技能型人才培养战略规划的重要组成部分，而不是仅仅把职业院校毕业生作为临时应急的廉价劳动力来看待。这既有利于企业解决人才需求问题，同时也能增强人才对企业的亲切感和归属感。

（二）着力引导推动院校高效服务行业企业发展

1. 为职业院校服务社会搭建平台

社会服务是双向乃至多向的，职业院校的自觉和能动仅仅是做好这项工作的前提与基础，校内与校外的协同创新尤为迫切和重要。

（1）从职业院校内部来看，必须围绕社会服务的重点领域和主攻方向对教育资源进行统筹与整合，全面打破专业界限和部门藩篱，加强协同创新。一方面，要通过专业群建设、社会服务平台构建等方式，引导教师跨专业、跨学科地研究区域产业建设和行业企业发展中的现实问题并探究解决之道。另一方面，应不断加大经费和政策支持力度，鼓励有条件、有能力的教师团队在社会服务上主动作为、积极作为，并逐步将社会服务的绩效考核结果与职称晋升、待遇提升等挂钩，营造社会服务的良好氛围，努力提升社会服务的实际成效。

（2）从职业院校外部来看，地方政府、行业组织、主流企业与职业院校“合作办学、合作育人、合作就业、合作发展”本身就是一种协同创新。在高职院校社会服务能力建设中，应该不断赋予这种协同创新以新的时代内涵。

2. 对职业院校服务社会进行绩效考核

据了解，安庆、马鞍山等地政府均将制定出台对市属职业院校办学绩效考核办法，并将考核结果与办学经费投入等直接挂钩。地方财政对职业院校的投入可以视为政府面向职业院校购买服务。这在未来，应该成为一个普遍意义上的常态化机制。对职业院校服务社会的绩效考核指标体系，应该在实践中不断充实和完善，既要保持一定的稳定性，也要围绕区域产业发展保持一定的灵活性。这种灵活性应充分体现地方政府对职业院校的目标期待，并通过相应政策引导对职业院校办学改革起到良好的促进作用。

（三）着力引导推动毕业生本地就业与对口就业

1. 立足产业发展，建立健全机制激励就业创业

随着安徽产业集群建设和转型升级的加快，产业发展对技术技能人才的需求将日趋旺盛并长期持续下去。如何为区域产业提供及时、足够的技术技能人才，如何培养更多的技术技能人才在本地就业创业，如何留住职

业院校毕业生在本地就业创业，已经成为地方政府的重要职责，也已经成为职业院校的重要使命。

2. 立足以人为本，严格执行政策确保落地生根

从现有政策看，各地在扶持产业建设，促进民营经济发展，扶持中、小、微企业，促进就业等方面有很多具体且有含金量的措施。但从实际执行效果看，难尽人意。究其原因，一是缺少广泛、深入的宣传，相关政策没有及时传达到应知对象；二是执行程序琐碎繁杂，政策措施难以落地生根；三是部分政策有为部门谋利之嫌。

第八章

高等职业教育发展的新结果与新趋势

第一节　高等职业教育发展的新结果：高职院校分类

一、高职院校与普通高校分类的可行性分析

既然高校分类在所难免，是高等教育发展的必然结果，那么在现实中是否可以将中国高校进行有效区分呢？答案是既易行又难为。说高校分类易行，是因为依据一定的标准从理论上可以非常容易地将中国高校进行区分：从资金来源与办学主体来看，分为公办高校（这是中国高校的主体）、民办高校和中外合作办学；从高校的隶属关系，可以分为部委所属院校（含教育部）和地方院校；从学科分布可以分为综合类、多科类和单科类院校；从培养目标和教学内容可以分为普通高校和高职院校；从院校主要履行职能情况可以分为研究型、教学型和介于两者之间的教学研究型；等等。可见，三言两语就可以解决高校的分类问题。但事实上，上述看似非常简单的问题在分类实践中却难以贯之，几乎每一种分类方案都会引起舆情关注与各方注目，评头论足与责疑问难不绝，至今难有服众之说。

为什么看似十分简单的问题却在实践中如此难为？其问题实质就在于分类本身实际上含有价值判断，具有“标签”功能。尤其是在中国的现实语境与政策环境下，其标签功能更加显著，于是每一种分类事实上都演变成了“华山论剑”。尽管如此，但无论是中国还是国外，数十年来一直进行着高校分类的探索和实践。

国内对高等教育机构分类问题的关注与研究起步较晚。尽管中华人民共和国成立后我国曾经几次对高等学校进行了区分与归类，但通常是出于当时管理（尤其是财政资助）的需要，而将高等学校简单地二分了之，即

分为重点大学与普通高校两类。这基本上都可以归类为描述性分类。所谓描述性分类就是在分析不同类型高等学校特点的基础上对高校进行分类，其目的是对高校的特征进行描述，从而提醒人们关注高等教育机构的现有特点及其差异。总体来说，至今尚没有一种能够获得各界广为认可的权威性方案。

除了上述分类之外，实际上在国内还有形或无形地存在另一种分类方式——规定性分类。所谓规定性分类，顾名思义就是要通过某种手段对高等学校的特点给予规定，使各类高校按照所规定的使命进行发展。规定性分类的特点体现在其指导性、明确性和权威性。存在于各级政府发布的阶段或年度教育发展规划等政策文件中的指导性意见所涉及的高校分类及建设蓝图即为此类。

二、基于产业面向的高职院校分类

（一）基准选择

如前所述，国内外高等学校分类，大体上可以分为描述性分类和规定性分类两大类。所谓描述性分类就是在分析不同类型高等学校特点的基础上对高校进行分类。描述性分类的目的“就是要对高等学校的特征进行描述，以便对具有不同特点的高等学校进行区分”，从而提醒人们关注高等教育机构的现有特点及其差异。规定性分类，顾名思义就是要通过某种手段对高等学校的特点予以规定，使各类高校按照所规定的使命进行发展。前者以卡内基分类为代表，后者的典型则是加州高等学校总体规划。但无论是描述性分类还是规定性分类，都是以分类对象外显的功能和任务，尤其是科学研究的实力和水平作为分类的基准。

那么，上述基准是否可以移植到高职院校的分类中来呢？笔者认为答案是否定的。原因非常简单，与普通高校相比，尽管高职院校也从事一定的科学研究，但科研却不是其主要任务。况且，即使是高职院校的科研，也主要不是以知识的发展为根本目的，而是以如何更好地通过科研改进教学以提高教育教学效果为旨趣的。相对于普通高校，高职院校主要承担的是掌握一定理论知识和实践技能的高级专门人才的培养任务。这里的关键有两点：一是高职院校培养人才的技术技能性，即高职培养的不是着重于理论型的学术性人才或者从事高科技要求的专业人才，而是主要面向生产管理一线的、以实际应用为主的专门人才；二是服务面向的区域性，一般高职培养的人才主要是直接面向地方产业和行业需要的，培养人才服务的区域性特征显著。不仅如此，即使在高职院校内部，面向不同产业的不同专业人才的培养过程、培养成本也不一样，有的相差悬殊。因此，尽管区分不同高职院校的基准会有很多，但面向不同产业不同专业的技术技能型人才培养的能力和水平应该成为高职院校分野的主要基准。

（二）分类原则

1. 事实性原则

对高校进行分类要充分考虑高等教育系统的历史传统和现实情况，不能脱离其既有规模、结构和发展水平。在对高职院校进行分类的过程中，也应当基于高职院校发展的实际情况，进行客观描述。

2. 平等性原则

系统论告诉我们，高等教育系统良性生态的建立需要其内部各个子系统之间进行科学的分工与协调，各个子系统的功能更加分化，但却处于一个平等分工结构之中，并没有高低贵贱之分。这一论述也适合于中国的高职院校分类，即：分类是基于高职院校人才培养不同情况的定位，使各类高职院校适得其所，彼此之间并无贵贱高下之分。

3. 导向性原则

高等教育作为社会整体系统的一个组成部分，必须与社会整体系统保持良性的协调关系。如果不加协调随意发展，那么高职人才培养的结构性失衡在所难免，并且从实际来看，这种情况已现端倪，局部还很严重。因此，依据各类高职院校人才培养情况对其进行科学合理的区隔，既基于现实，又面向未来，有效地发挥其在科学分类基础上应有的调节和导向作用应该成为原则之一。

4. 简洁性原则

分类既是一个理论问题，同时也是一个实践问题。换言之，对分类理论的探讨和分类方案的设计，最终目的是在实践中加以运用并使之更好地服务于高等学校的发展。因此，操作的简洁性也显得非常重要。

（三）分类方法与步骤

既然分类的基准是面向产业的专业人才培养。那么，分类的前提就必须首先搞清以下两个问题：一是高职院校不同专业人才培养状况（数量和质量）；二是这些专业的产业面向情况。在此基础上，再依据一定的标准将其进行区分。

1. 基于事实性原则，判定学校专业设置情况

以分类对象学校各专业在校生数/该专业区域总人数、学校各专业在校生数/该校总人数，这两个指标作为判定各校专业设置情况的标准，同时也兼顾学校专业建设的质量水平。具体的办法是根据各专业在区域内及本校的分布情况和集聚度来进行判定。也就是说，先根据各专业情况确定临界阈值，然后用各校各专业的实际数值与之相比较。如果能够满足上述指标或者该专业建设质量高，则在理论上认为该专业在该校就是成立的，反之就不成立。

2. 确定学校设置的专业与相关对应产业的分布情况

“三次产业分类法”是指，第一产业指以利用自然力为主，生产不必经过深度加工就可消费的产品或工业原料的部门；第二产业是指以对第一产业和本产业提供的产品（原料）进行加工的产业部门；第三产业则指不生产物质产品的行业。鉴于第一产业的特殊性（只包括农林牧渔专业，通常就读人数少，开设的学校少），可以将阈值设置得相对低一些，而面向第二产业和第三产业的专业数和学生数相对较多，阈值可以相应提高，并以此作为判定的基准依据。

3. 基于一定标准将高职院校进行分类

根据上述产业面向特点，依据标准可以将高职院校分为四类，分别为：面向第一产业的高职Ⅰ型、面向第二产业的高职Ⅱ型、面向第三产业的高职Ⅲ型以及同时面向多个产业的高职Ⅳ型（通用型）。

第二节　高等职业教育发展的新趋势：高职本科

一、高职本科的内涵及属性

（一）何谓高职本科

高职本科，即本科层次职业院校，是我国普通高等教育和高等职业教育类型中的一种新型的学校形态，是一个富有创新的本土概念，具有高等教育和职业教育双重属性。

基于《国际教育标准分类》和职业带理论可以给高职本科下个定义：高职本科既不完全等同于德国的应用科技大学，培养工程型人才（工程师），也不完全等同于我国普通本科高校转型，培养应用型人才，高职本科是以技术为根基，以实践为导向，技术理论与技术实践并重，培养技术型人才（技术师）。其本质特征体现在“技术”，落脚点在“育人”，核心使命是服务地方经济发展。这就是具有中国特色、技术特征、地方特点的未来高职本科的理想雏形，也是对中国高职本科未来发展的理性定位。

（二）高职本科的基本属性

高等职业教育是一种特殊的教育类型，是我国教育制度的创新。制度创新决定了高职本科具有双属性身份。这是高职本科发展的本质所在、特色所系、规律所然。因为，它是高等教育体系中不可或缺的一种新型的学校类型，它的人才培养功能是我国普通高等学校无法替代的，同时，它又是职业教育体系中的一种本科层次的学校类型，也就是说，它具有高等教育的基本特性，又具有职业教育的鲜明特色。它既姓“高”，又姓“职”，名为地方性，即从我国地方经济发展的需求出发，根植地方土壤，立足地方产业，服务地方发展，建设具有中国特色、技术特征、地方特点的高职本科院校。

1. 高等性

高职本科姓“高”，是高等教育中的一支新生力量，是一种特殊类型的高等学校，具有高等教育的基本属性。因为，它与普通本科相比，属同层次，而不同类型。高职本科除了培养学生的共性能力外，强调技术定向，更加重视培养学生的技术素质，使学生具有更扎实的技术基础，掌握更先进、难度更高、更系统的技术，能承担技术含量更高的工作，在技术研发领域有更好的发展前景。而普通本科则强调学科定向，注重专业领域内的理论基础、学科体系建设，强调知识的系统性、学问的高深性。尽管高职本科和普通本科有本质上的不同，但高等性的属性是永远存在的。这就是高职本科发展的根本价值所在。

2. 职业技术性

职业技术性是高职本科的固有本色，是与普通本科的根本区别，所以它还必须姓“职”。高职本科本身就是一种工具性鲜明的教育，它直接指向职业技术，培养人的高端技术技能，提高人的职业技术本领，进而实现好就业、就好业。从职业领域分析，“职业技术”应是高职本科“立地”的核心元素，主要包括职业领域内的基本技术、关键技术、前沿技术等，其应用范围远比岗位技术要宽，比如，学生职业迁移能力主要来自职业技术的作用，而不是岗位技术的作用。因此，高职本科在人才培养过程中，必须确立以“职业技术”为根基的人的全面发展观，融技术原理、技术知识、技术实践于一体，科学制定并有效实施高职本科的人才培养方案，提高学生的培养质量和技术适应能力，让高职本科毕业生的职业技术之路走得更稳，发展得更好。

3. 地方性

地方性是高职本科生存与发展的“实践逻辑”。所谓“实践逻辑”，其核心要义是“接地气”，办学要扎根地方土壤，立足地方产业，服务地方发展，引领百姓致富。高职本科要主动承担起服务地方发展的历史使命和责任担当，把“接地气”作为办学定位属性的根本出发点和追求目标，充分发挥学校的人才资源优势、技术研发优势，有效融入地方的产业资源、文化元素，实现专业设置和地方产业发展对接，教学过程和企业生产过程衔接，不断拓展学校自身的生存和发展空间，在服务地方发展上做大学校的办学优势，做强学校的发展特色，做精学校的文化品牌，使高职本科真正成为推动地方经济发展的“动力源”和“智慧库”。

二、高职本科的发展定位

（一）高职本科定位的顶层设计

高职本科定位的价值分析，旨在从三个维度进行顶层设计；立德价值培养学生的“德性”，即做人；立能价值解决学生“做什么、怎么做”问题，即做事；立地价值解决如何服务地方问题。立德、立能、立地三者相互作用，互为支撑，缺一不可。

1. 立德是高职本科定位之魂

立德价值的核心体现在学生的全面发展上，落脚点定位在做人。高职本科的立德价值逻辑是培养有德行的人才，因此，人才培养的原点必须回到学生的全面发展，让学生在人生成长过程中终身受益。笔者在三十多年工作经历中深深感悟到，大学教育真正使学生一生受益的不是考试分数，不是专业知识，而是行为习惯、职业精神、价值观念、做人品质，即“德性文化”。其实，受益就是涵养一种“德性”，有德才能走稳，厚德定能致远。具体来说，高职本科不仅仅是提供专业教育，训练学生的学习方法，让学生掌握技术技能，使学生获得谋生立业的本领，更重要的是培养学生的道德担当。在人生价值教育方面，强调“以德育人”，在立身处世教育方面，强调“以德立人”，在与人合作共事方面，强调“以德待人”。高职本科定位必须全面把握“立德”价值逻辑的内涵要求，着力引导学生选对路、走好路，着力培养学生全面发展的品质和潜能，着力营造高职本科育人为本的“德性文化”，真正让学生在大学生活中，体验德性的价值，感悟德性的境界，以此激扬生命的正能量。

2. 立能是高职本科定位之基

立能价值的核心体现在培养目标的达成上，落脚点定位在做事。高职本科培养的是技术型人才，因此，应把技术贯穿于人才培养的全过程，着力培养学生先进的技术理念、稳定的技术心态、娴熟的技术能力、优良的技术品质。高职本科与普通本科的区别在于价值取向的不同，高职本科强调技术价值观，旨在解决“做什么”和“怎么做”的问题，培养学生对世界的改造能力；普通本科强调学术价值观，主要解决“是什么”和“为什么”的问题，培养学生对世界的认识能力。这就要求高职本科必须树立“大技术”的教学观，系统规划以技术知识为重点的课程内容体系，充分彰显“教”要服从“学”，先学后教，以学定教的教学组织架构。技术知识反映的是人的实践活动，包括技术理论知识和技术实践知识，高职本科应依据技术知识的特性，合理安排课程，有效组织教学，创新教学方法，使学生对现代技术的特点、内涵、发展趋势和规律有清晰的认识，着力训练学生分析技术问题的方法，培养学生解决技术难题的本事，为学生的可持续发展立能，积累扎实的技术能量。

3. 立地是高职本科定位之根

立地价值的核心体现在教学过程的创新上，落脚点定位在服务地方。高职本科和普通本科同属一个层次，但由于学校类型的不同，培养目标、课程设置、教学过程是完全不同的，因此，高职本科教学过程创新是以校地（企）合作为本位的价值逻辑，人才培养不追求以学术见长，而追求以技术立身；科学研究不追求解决“顶天”问题，而追求解决“立地”问题，重在技术研发、服务地方上培育办学优势。这就决定了高职本科的教学过程不能盲从普通本科的教学传统，而是要遵循高等职业教育内在的办学规律，找准高职本科发展与行业企业发展相对接的切入点，瞄准服务地方产业发展的突破口，在校地（企）两个主体上实现教学过程的实质性突破：突破校地（企）合作育人过程中学校和企业之间的两张皮问题，从制度上切实解决好企业合作育人的主体动力问题；突破专业教学过程和企业生产过程的脱节问题，从源头上建立合作的利益共赢链，让企业“有利可图”，进而把“立地”这篇高职本科发展的大文章，写实、做精、做出品质，实现校地（企）合作一加一大于二的育人功能和服务效益。

（二）高职本科定位的战略要素

高职本科是我国高等教育、职业教育类型中刚刚出现的“新生事物”。任何新生事物的发展，首先要解决好定位问题。高职本科也是如此，这样，才不至于走岔路、走错路，进而选对、走好高职本科自己应该走的路。由此可见，定位就成了当下我国高职本科发展的战略要素。

1. 培养目标定位：技术型人才（技术师）

在发展高职本科之时，非常有必要下功夫弄清楚高职本科究竟培养什么人，即培养目标。培养目标反映的是学校全部工作的指向及最后所达成的结果，是学校全部工作的核心要素，决定学校的办学方向。培养目标定位精准了，高职本科的人才培养工作就会沿着特色化、个性化的方向前行，学校的办学特色才会在日积月累中彰显出来。

基于用人单位对高职本科人才培养目标与规格的建议，高职本科人才培养目标定位的完整表达是：高职本科是建立在高中阶段教育基础之上实施的具有高等教育属性的职业教育，面向基层、服务地方、培养会动手、会研发、会管理、会发展的技术型人才（技术师）。

从高职本科人才培养目标定位的内涵要素看，在教育类型上，直接而又重点强调了“具有高等教育属性的职业教育”，充分反映了高职本科所具有的类型特征；在生源对象上，明确了“高中阶段教育”的生源质量要求，无论是普高还是职高生源，都必须达到高中阶段教育的文化、技能要求；在人才规格上，明确提出了“培养会动手、会研发、会管理、会发展的技术型人才”，它既不同于一般普通本科的人才培养目标应用型人才，也有别于高职院校（专科）的人才培养目标高技能人才；在服务面向上，体现了直面基层、服务地方、服务生产一线的培养要求，致力于培养学生服务基层的工作态度、管理智慧、解决技术问题的方法能力。

再从高职本科人才培养目标定位的内在关系要素看，厘清了高职本科、普通本科、高职专科之间人才培养的内在逻辑关系，高职本科与普通本科属“同层”而“不同类”；高职本科与高职院校（专科）属“同类”而“不同层”。

2. 专业定位：服务地方需求

高职本科培养目标的定位，决定了其专业的定位。专业是高职本科服务地方经济社会发展的重要载体，是实现高职本科人才培养目标，解决学生就业问题的有效抓手。专业具有两个鲜明的边界特征：一个是学术边界，它是从学科维度来考虑，研究型高校都是按照这样的学术逻辑设置专业的。专业是为学科发展服务的，学科先于专业、高于专业。另一个是技术边界，它是从职业维度来考虑，高职本科应按照技术逻辑设置专业，将一定的技术原理与理论知识转化为现场的生产体系，兼有理论与应用的双重特性。基于专业的技术性边界特征，高职本科的专业定位应体现在如下两点。

（1）专业的边界定位

突出技术性，淡化学科性，强化专业。高职本科按照行业需求和职业需要设置专业，而不是按学科的发展要求设置专业。也就是说，高职本科的专业设置是需求驱动、实践导向，既要适应行业高新技术的发展，也要满足职业岗位的宽口径要求，源于职业，但必须高于职业，着力凸显技术与职业的复合，体现专业的技术含量。

（2）专业的服务定位

突出地方性，适应产业需求，服务地方经济。高职本科的专业设置一定要关注实践的落地，为服务地方经济发展“立根”，为学生就好业“立根”。这就要求高职本科的专业设置必须扭住地方的产业发展重点、文化传统优势，在提高专业设置与地方产业需求、文化发展对接的吻合度上下功夫，在服务地方产业发展上创特色，在服务地方百姓致富上做品牌，真正彰显高职本科在服务地方发展中的社会价值和存在意义。

3. 课程定位：工作过程知识主导

课程是实现高职本科人才培养目标的核心要素，是高职本科服务地方经济发展的质量保证。高职本科的课程观、课程内容、课程模式、教学组织、教学实施与普通本科的课程要求是有本质区别的。因此，高职本科的课程应依据人才培养目标的内在要素进行定位，具体可概括为：遵循职业性和跨界性原则，秉持“课程内容是工作过程知识”的课程观，坚持工作过程知识主导；淡化学科本位，按照技术领域和专业岗位群的任职要求，依据相关的职业资格标准，从职业的认证逻辑和工作过程知识的跨界属性出发，构建有利于学生就业、有利于学生转岗发展、能够满足培养目标要求的高职本科的课程体系。

高职本科的课程体系构建需要有跨界的视野和方法，实现课程内容与工作过程知识的整合。具体来说，就是回归技术教育本源，体现学工（学习与工作）贯通本真；加强课程教学的复合度，把“做、学、教、研”融为一体，“做”彰显职业技术性，“学”彰显主体性，“教”彰显主导性，“研”彰显高等性，形成符合高职本科发展逻辑的课程教学价值链；加强企业的主体地位，明确企业的育人责任，把校企合作育人作为课程定位的根本出发点，从源头上推进课程教学过程与企业生产过程的实质性融合。

4. 科学研究定位：技术研发“立根”

高职本科的科研应以服务学生成长和服务地方发展为战略定位，技术为导向，教学和科研并重，教学研究与技术研发并重，在技术成果的转化上下功夫、显个性、创品牌。

高职本科的教学研究定位：高职本科培养技术型人才，这就决定了它的科学研究定位，重在教学研究和技术性开发研究，较少关注基础性的理论研究，其主要目的，很大程度上是为提高教育教学质量服务。有鉴于此，高职本科必须把技术型人才培养质量作为教学研究的重中之重，挖掘存量资源，加大对教学研究的人力和财力投入，拆除教学与科研之间的围墙，让教学研究成果走向实践、指导教学实践，充分发挥教学研究对人才培养质量提升的引领作用，有效推进教学、教学研究、技术研发协调发展。

高职本科的技术研发定位：其核心价值是要处理好服务和引领的关系。所谓“服务”，就是要拿出真本事，为行业、企业发展培养合格的技术型人才，解决企业的技术难题；所谓“引领”，就是要拿出具有前沿性的技术成果（专利），引领行业、企业技术改造、产品升级、管理创新。因此，高职本科要充分挖掘自身的潜在优势，创建校地合作技术研发中心，在“立地”上发力，切实做到“论文写在产品上、研究做在技术中、成果转化在企业里、价值体现在效益上”，让高职本科真正成为引领地方产业发展的创新高地，让企业真正成为高职本科技术研发成果转化的试验场。

5. 教师能力定位：三能型教师

高职本科发展的成败与否，关键看教师能力结构是否合理。没有符合高职本科要求的好教师，就不可能培养出满足地方需要的好学生，更不可能办出个性鲜明的高职本科高校。教师能力如何定位？就是守正出新。既要守正，更要出新。所谓“守正”，就是要坚守本科层次职业教育的本质特征和功能定位，按照高等职业教育教师特有的能力要求，真正把办学的原点回归到高职本科教师发展上。所谓“出新”，就是要探寻高职本科教师的能力特质，绝不能走普通本科高职教师培养“过分追求高学历”的老路，而是要突破“非（211 高校）博士不进”的藩篱，坚守“不唯学历凭能力”的高职本科教师发展观；更不是要转回高职院校教师“双师型结构”的原点，而是要突破高职院校“双师型”教师能力结构边界，创建高职本科“三能型教师结构模型”。何谓“三能型教师结构模型”？具体来说，第一个“能”，指知识教学能力。这是大学教师必须具备的通用能力。对高职本科教师来说，不仅要有扎实的知识基础、心智技能，而且要掌握传道、传技、传知的育人方法，把深奥的专业技术理论知识用通俗易懂的语言传递给学生，让学生乐学。第二个“能”，指实践（技术）教学能力。这是高职本科教师能力结构的重中之重。教学生掌握技术技能，教师必须要有过硬的技术技能、实践智慧，会操作传技，能示范传道，成为驾驭高职本科高校实践教学过程的行家里手。第三个“能”，指技术研发能力。这是高职本科教师不可或缺的能力，也是与普通本科高校教师的根本区别。主要包括：了解企业的生产过程、工艺流程，具有解决企业技术难题的能力；学习掌握企业技术发展的前沿动态，具有合作承担企业新技术、新产品、新工艺的研发能力。高职本科“三能型教师结构模型”可以用三句话概括：走进教室是称职的专业教师，真本事在于让学生乐学；走进车间是称职的技术师傅，真本事在于培养学生解决实际问题的能力；走进企业是称职的技术师（技术研发师或技术维修师），真本事在于解决企业急需解决的技术难题。

三、高职本科发展路径的原则

高职本科发展路径实质上就是发展道路的选择问题。在路径战略选择上，我们既要理性总结各地的实践探索经验，也不能完全效仿各省的具体做法，而是要客观把握实践探索的本真，把实践探索成果按“类”进行分析，以此作为高职本科发展路径选择的参考。

原则是我国高职本科发展路径选择的基本遵循。那么，高职本科发展路径应当遵循哪些原则？路径原则确定依据是什么？一是根据“类型”的本质要求；二是根据高职本科的本质和功能；三是根据高等教育资源的有效开发与利用。如果路径原则满足路径选择的要求，就应该老老实实地按照原则实现路径选择。

（一）类型发展原则

高职本科发展的路径选择，其核心是秉持类型发展原则，始终坚守走高等职业教育类型发展道路。高职本科的培养目标定位在技术型人才（技术师），培养目标指向技术属性，融职业性的社会需求与教育性的个性发展于一体。校企合作是实现高职本科培养目标的根本途径。衡量培养目标达成的价值逻辑是高职本科的课程内涵，是工作过程系统化的“立地”课程体系，其核心要义是突出知识、技术的应用，而不是基于学科知识系统化的“顶天”课程结构。如果高职本科的培养目标与普通本科高校的培养目标没有区别，那就失去了类型原则的价值取向，意味着普通本科可以替代高职本科。再换句话说，如果普通本科可以取而代之，则高职本科就没有发展的必要。因此，在高职本科发展路径选择上，要理性把握自己的类型定位，坚守类型发展的原则，使高等职业教育成为无法替代的教育类型。只有这样，高职本科才能办出自己的特色，形成自己的文化基因，创出一条完全不同于普通本科高校的可持续发展之路。

（二）校企合作育人原则

校企合作育人是高职本科发展路径选择的逻辑起点，也是高职本科发展的本色之所在。校企合作育人的基础是合作伙伴之间的资源依赖，它包括人力资源、物力资源、财力资源、信息资源等等。在资源依赖、责任共担、利益共享的基础之上，培育“你离不开我，我离不开你”的校企合作发展共同体。校企合作发展共同体的根本宗旨是合作育人，培养符合高职本科教育规律的、符合企业发展需要的技术型人才。校企合作育人离不开跨界文化的引领，因此，构建具有跨界文化元素的育人体系，就显得格外重要。以跨界文化元素为核心合作开发人才培养方案，合作开发课程，把职业素养、职业态度、企业文化融入教学内容之中，共同为高职本科人才培养用心发力；合作建立具有跨界文化基因的教学团队和技术研发团队，聚集不同学科的教授和研发力量，形成集体攻关的战略优势，出精品“立地”成果，促教学质量提升，育企业需要之才，解企业发展之困。

（三）存量资源与增量资源最大化原则

存量资源（指地方本科高校）与增量资源最大化发展，实质上是两种资源的优化配置，是高职本科发展路径选择的效益最大化。效益之概念是高职本科发展价值的进一步体现，是高职本科发展所追求的主要目标。高职本科发展路径选择的效益最大化有两层含义：一是存量资源的转型增效，转型投入效益（人力、财力、物力）要最大化，转型产出效益（主要指学生）要最优化，要体现高职本科人才类型的特质；二是增量资源的有效开发提质，生产的“产品”符合高职本科的类型要求，要有质量，且“适销对路”。西方经济学理论认为，效益最大化体现在生产者以最少的投入获得最大产出，消费者以最少的花费获得最大满足。用西方经济学理论分析高职本科发展路径的最大化，我们可以从两个维度深化：一是政府决策维度，要充分考虑学校存量资源与增量资源的有效利用，以最小的投入获得最大的产出——培养更多合格的技术型人才；二是学校办学维度，要充分考虑学生发展与学校资源的有效利用，以适当的投资（学费），让学生学到做人和做事的本领，满足学生能就业、就好业的需要。这就是高职本科发展路径选择的最大化原则。

参考文献

[1] 毛霞．高职教育的改革与发展研究［M］．长春：吉林出版社，2022.

[2] 朱杉．高职教育与信息化教学实践研究［M］．北京：中国商业出版社，2022.

[3] 孙术杰．高职教育现代学徒制研究与实践［M］．北京：中国商业出版社，2022.

[4] 贾庆成，王磊，王林生．高职教育分类培养模式的研究与实践［M］．郑州：黄河水利出版社，2022.

[5] 徐博文．基于能力培养的高职教育教学模式研究［M］．长春：吉林出版集团股份有限公司，2022.

[6] 武文．高职教育改革探索中嬗变［M］．北京：光明日报出版社，2021.

[7] 廖伏树．创新视角下的高职教育管理［M］．北京：光明日报出版社，2021.

[8] 王勤香，朱政德．信息化与新媒体时代高职教育教学研究与实践［M］．郑州：黄河水利出版社，2021.

[9] 赵柯姜．协同与创新高职语文与人文素质教育［M］．北京：中国书籍出版社，2021.

[10] 刘康民．高职教育供给侧改革研究［M］．北京：北京理工大学出

版社，2020.

［11］ 陈强．高职教育立德树人理论创新研究［M］．昆明：云南大学出版社，2020.

［12］ 龚芸，李可，徐江．职业教育集团背景下高职人才培养模式研究［M］．北京：冶金工业出版社，2020.

［13］ 陈强．新时代高职院校人文素质教育研究［M］．昆明：云南大学出版社，2020.

［14］ 吕浔倩．信息化高职教育教学管理研究［M］．西安：西北工业大学出版社，2019.

［15］ 吴伟．高职教育内部质量保证与评价体系研究［M］．北京：中国纺织出版社，2019.

［16］ 王升．高职教育的创新发展探索［M］．石家庄：河北人民出版社，2018.

［17］ 葛科奇．高职教育导师制实践与创新［M］．天津：天津科学技术出版社，2018.

［18］ 买琳燕．高职教育国际化发展路径研究［M］．长春：吉林人民出版社，2018.

［19］ 丁文利．高职教育专业动态调整机制构建［M］．北京：中国纺织出版社，2018.

［20］ 王琦，陈正江．高职教育教学文化研究［M］．杭州：浙江工商大学出版社，2017.

［21］ 鲍玮．高职教育实践教学体系的建设探索［M］．天津：天津科学技术出版社，2017.

［22］ 周建松．现代职业教育体系建设与高职教育创新发展［M］．杭州：浙江工商大学出版社，2017.

［23］ 吴一鸣．区域创新视角下高职教育集约化发展研究［M］．合肥：中国科学技术大学出版社，2017.

[24] 蒋庆荣．中国高等职业教育治理模式研究［M］．长春：吉林大学出版社，2021.

[25] 汤晓军．中国高等职业教育国际化研究［M］．苏州：苏州大学出版社，2021.

[26] 周建松，陈正江．中国特色高等职业教育发展道路探索与研究［M］．杭州：浙江工商大学出版社，2020.

[27] 刘建林．高等职业教育现代学徒制探索与实践［M］．西安：西安电子科技大学出版社，2020.

[28] 彭薇．区域高等职业教育国际化理论与实践研究［M］．长春：吉林大学出版社，2020.

[29] 李子云．中国高等职业教育国际化［M］．北京：北京工业大学出版社，2019.

[30] 周建松．高等职业教育优质学校建设综论［M］．杭州：浙江工商大学出版社，2019.

[31] 曹勇．高等职业教育课程发展性评价研究［M］．沈阳：东北大学出版社，2019.

[32] 李承先．高等职业教育新论［M］．北京：中国书籍出版社，2018.

[33] 周明星．藩篱与跨越高等职业教育人才培养模式与政策［M］．武汉：华中师范大学出版社，2018.

[34] 王资，周霞霞，王庆春．高等职业教育内涵式发展评价研究［M］．重庆：重庆大学出版社，2018.